増補改訂版

人もペットも気をつけたい

園芸有毒植物図鑑

Pictorial book of poisonous garden plants

土橋 豊 博士(農学)

目　次

第 1 章　有毒植物の世界

第2章 死亡例・事故例が多い園芸植物

第3章 主に食中毒を引き起こす園芸植物

第4章　主に皮膚炎を引き起こす園芸植物

第5章　ペット（イヌ・ネコ）で問題となる園芸植物

付　録

増補改訂版 まえがき

　有毒植物による健康被害が頻繁に報告されています。私たちの調査によると、植物による健康被害の約7割が身近な園芸植物が原因でした。なによりも大切なことは、これらの有毒植物とされる園芸植物を園芸活動の場面からすべて排除することではなく、人とこれらの植物との適切な関係を築くことにあると思い、本書『人もペットも気をつけたい園芸有毒植物図鑑』の初版を2015年4月に上梓しました。

　今回の増補改訂版では40頁増やし、項目として25項目を増補し、最新の情報に基づいて改訂を行いました。新たな症例についても、正確な記録があるものは、努めて掲載しました。分類体系もマバリーの分類体系から、最新のAPG Ⅳに変更しました。前著の編集方針を引き継ぎ、どの園芸植物が有毒・有害植物かを知る手段を提供する基本図書として一層の充実を図りました。

　この間、2022年2月に『ボタニカルアートで楽しむ花の博物図鑑』を上梓できました。植物学的特徴はもちろん、「名前の由来」「歴史」「神話・伝説・民話など」「文学史」「美術史」「エンブレム・シンボル」「医療・健康」「利用」など、園芸植物のあらゆる話題を詳述したものです。掲載した植物の中には、スイセンの仲間、ドイツスズラン、トリカブトなど、有毒植物の掲載が多く、このことは人と有毒植物との関係が長い歴史を有していることの証といえるでしょう。前著でも記したように、なによりも大切なことは、これらの有毒植物とされる園芸植物を園芸活動の場面からすべて排除することではなく、人とこれらの植物との適切な関係を築くことです。

　本書が、安全で安心な園芸活動や、人と植物の適切な関係づくりの一助となれば幸いです。

2022年10月吉日

旧版 まえがき

　残念なことではありますが、毎年のように、園芸活動を実践する現場で、有毒植物が原因の健康被害が起きています。

　イギリスでは、イギリス園芸貿易協会が英国王立園芸協会と協力し、潜在的な有害植物として117の分類群（属、種など）を選定し、注意事項別に3区分したものをウェブサイト上で公開し、購入時に参考できるようになっています。日本では、有毒植物の情報は野生植物に関するものが多く、書籍も出版されていますが、私たちが身近に栽培する園芸植物に関する情報は少なく、園芸植物の有毒植物を専門に扱った書籍もこれまでありませんでした。

　また、近年、ペットは家族と同然で、ペットに対する有毒植物の情報も必要ですが、日本ではその専門書が出版されていないのが現状です。

　そこで、園芸植物や街路樹、公園樹などに使用される身近な有毒植物を選び、まとめることにしました。

　本書は「第1章　有毒植物の世界」「第2章　死亡例・事故例が多い園芸植物」「第3章　主に食中毒を引き起こす園芸植物」「第4章　主に皮膚炎を引き起こす園芸植物」「第5章　ペット（イヌ・ネコ）で問題となる園芸植物」の5章で構成し、さらに理解を深めていただくために付録をつけました。

　なによりも大切なことは、これらの有毒植物とされる園芸植物を園芸活動の場面からすべて排除することではなく、人とこれらの植物との適切な関係を築くことにあると思います。まずは、どの植物が有毒植物かを知ること、知る手段を持つことが重要です。本書では、正確な情報と、調べる手段を提供するために、植物には学名や英名を、一般に馴染みのない有毒成分には英名の物質名を付記しました。

　本書が、安全で安心な園芸活動や、人と植物の適切な関係づくりの一助となれば幸いです。

2015年3月吉日

凡例と本書の見方

［凡例］

● 本書は第1～5章と付録である用語集などから構成されています。

● 第1～4章は、主として人に健康被害を引き起こす有毒植物を扱い、そのうち、第2～4章は園芸植物（観賞植物、野菜、果樹）や街路樹、公園樹など日常生活で身近な植物を主な症例の種類によって分け、さらに各章は原則としてAPG Ⅳの分類体系に基づいて掲載順としています。

● 第5章は人には健康被害が認められていませんが、特にペットとして一般的なイヌとネコに健康被害が著しい園芸植物（観賞植物、野菜、果樹）を扱っています。第1～4章でとりあげた植物も、ペットにはすべて有毒であると考えてください。

● 第2～4章のうち、特にペット（イヌ・ネコ）の事故例が多いものにはシルエットアイコンを付しています。

● 学名、科名などは原則としてAPG Ⅳ分類体系に基づき表記しています。

● 有毒情報の文献からの引用は、単行本や学術雑誌については、本文中に（著者名，出版年）、関連ウェブサイトからの引用は（サイト管理者名）として示し、引用・参考文献一覧で対照できるようにしました。

本書の見方

特にペット（イヌ・ネコ）に事故例が多い植物には印を付していますが、本書にとりあげたものはすべて有毒だと考えてください。

❶ 主には「和名」「別名」「学名」「英名」「異名」「原産地」「開花期」「特徴」などで構成されています。ただし、掲載の植物によっては「開花期」を「結実期」や「流通期」としたものや、併記したものもあります。「開花・結実期」を「春・秋」と表記した場合は、開花期が春、結実期が秋を示しています。開花期などはおおよその目安です。

❷ 栽培される主な種類を紹介しています。赤字（ ）内は学名を表記してますが、「異：」は「異名」を表しています。また「英：」「園：」はそれぞれ「英名」「園芸名」を表しています。

❸ 当該植物の有毒に対する情報を紹介しています。

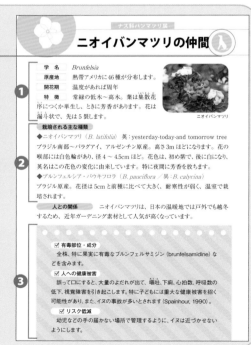

ナス科バンマツリ属

ニオイバンマツリの仲間 👤

❶
学 名	*Brunfelsia*
原産地	熱帯アメリカに46種が分布します。
開花期	温度があれば周年
特 徴	常緑の低木～高木。葉は集散花序につくか単生し、ときに芳香があります。花は漏斗状で、先は5裂します。

ニオイバンマツリ

栽培される主な種類

❷
◆ニオイバンマツリ（*B. latifolia*）英：yesterday-today-and tomorrow tree
ブラジル南部～パラグアイ、アルゼンチン原産。高さ3mほどになります。花の喉部には白色輪があり、径4～4.5cmほど。花色は、初め紫で、後に白になり、英名はこの花色の変化に由来しています。特に夜間に芳香を放ちます。

◆ブルンフェルシア・パウキフロラ（*B. pauciflora* ／異：*B. calycina*）
ブラジル原産。花径は5cmと前種に比べて大きく、耐寒性が弱く、温室で栽培されます。

人との関係 ニオイバンマツリは、日本の温暖地では戸外でも越冬するため、近年ガーデニング素材として人気が高くなっています。

❸
☑ **有毒部位・成分**
全株、特に果実に有毒なブルンフェルサミジン（brunfelsamidine）などを含みます。

☑ **人への健康被害**
誤って口にすると、大量のよだれが出て、嘔吐、下痢、心拍数、呼吸数の低下、視覚障害を引き起こします。特に子どもには重大な健康被害を招く可能性があり、また、イヌの事故が多いとされます（Spainhour, 1990）。

☑ **リスク低減**
幼児などの手の届かない場所で管理するように、イヌは近づけないようにします。

第1章 有毒植物の世界

レオンハルト・フックス（Leonhart Fuchs）著
"*New Kreüterbuch*"（1543年）に
描かれたマンドレイク（*Mandragora officinarum*）

　植物は、光合成や呼吸などの代謝（たいしゃ）を行い、生命の維持のために必要な炭水化物やアミノ酸などを生合成（せいごうせい）しています。さらに、生命活動に必ずしも必要ではない、その植物に特徴的なさまざまな物質を生合成しており、これらの代謝は二次代謝と呼ばれ、生合成される産物を二次代謝産物と呼んでいます。

　二次代謝産物の中には、生物に対して何らかの作用を及ぼすものが知られ、これらは生物活性物質（または生理活性物質）と総称されています。

　生物活性物質のうち、私たち人、または人に密接にかかわる動物（家畜やペットなど）に対して好ましい作用を及ぼすものを「薬」、好ましくない作用を及ぼすものを「毒」と呼んでいます。このように、薬か毒かは人から見た分類であり、物質によっては薬にも毒にもなることが多く、まさに「薬と毒は紙一重」といえます。

　本書が扱う有毒植物は、毒のある、すなわち有毒成分を含む植物のことです。一方、薬となる薬用成分を含む植物を薬用植物と呼んでいます。「薬と毒は紙一重」と同じように、「薬用植物と有毒植物は紙一重」といえるでしょう。

　365種の薬を記載する中国最古の薬物書『神農本草経』（しんのうほんぞうきょう）において、薬物を上薬（または上品、120種）、中薬（または中品、120種）、下薬（または下品、125種）に分類し、上薬は無毒で長期服用が可能、中薬は使い方しだいで毒にも薬にもなる、下薬は毒が強く長期服用を避けるとしています。『神農本草経』は後漢（25〜220）の頃に著されたとされ、当時から薬と毒の関係をしっかり捉えて分類していたことがうかがえます。

　人に健康被害を及ぼす植物としては、食中毒を引き起こす植物（p.11 表1）、皮膚炎を引き起こす植物（p.12 表2）、花粉症の原因となる植物などのほか、人の精神に影響を及ぼす麻薬や向精神薬の原料植物（p.28）などがあります。本書の第2章から第4章は、食中毒を引き起こす植物と触れて皮膚炎を引き起こす植物を扱っています。

表1　食中毒を引き起こす主な園芸植物とその原因		
原因	**植物と事例**	**本書掲載頁**
食用植物との勘違い	**コルチカムの仲間**：球根をタマネギ、葉を山菜のギボウシの仲間やギョウジャニンニクと勘違い	46
	グロリオサ：球根をヤマノイモと勘違い	48
	タマスダレ：球根をノビル、葉をニラと勘違い	49
	スイセンの仲間：球根をタマネギやノビル、葉をニラ、アサツキ、ノビルと勘違い	50
	ドイツスズラン：葉をギョウジャニンニク、果実を食用のベリーと勘違い	54
	トリカブトの仲間：山菜のニリンソウ、モミジガサ、ゲンノショウコと勘違い	56
	フクジュソウ：フキノトウと勘違い	58
	ヨウシュヤマゴボウ：「山牛蒡の漬物」の原料であるモリアザミと勘違い	64
	ダチュラの仲間：根をゴボウ、蕾をオクラ、葉をモロヘイヤ・アシタバなど、種子をゴマと勘違い	78
	ジギタリス：葉をコンフリーと勘違い（コンフリーにも毒性がある）	80
	シキミ：種子をシイの果実（ドングリ）と勘違い	86
食べ過ぎ、飲み過ぎ	**イチョウ**：銀杏を過剰に食べ過ぎる	36
	アロエの仲間：アロエ入り健康食品を食べ過ぎる	94
	ヤエヤマアオキ：ノニジュースを飲み過ぎる	168
思い込み、誤情報	**フクジュソウ**：心臓病にはフクジュソウの根を煎じて飲むとよいという誤った情報による	58
	アジサイの仲間：料理に添えられた葉を食用と思い込む	66
	キョウチクトウ：薬用になると思い込み乾燥葉を服用	70
	カロライナジャスミン：名前からジャスミンの仲間と思い込み、ジャスミンティーに利用	82
好奇心、無知識	**ドイツスズラン**：生けた水を飲む	54
	接木台木のユウガオ、ヒョウタン：食用にできると勘違い	60
	ジャガイモ：光が当たって緑色になったジャガイモが有毒であることを知らなかった	72
	ブルグマンシアの仲間：コダチチョウセンアサガオの花を自ら調理して食べた	74
	コンフリーの仲間：コンフリーが有毒であることを知らなかった	179

表2　皮膚炎を引き起こす主な園芸植物と皮膚炎の種類		
皮膚炎の種類	**植物と事例**	**本書 掲載頁**
刺激性接触皮膚炎（皮膚に接触した刺激物質による）		
機械的刺激	テンナンショウの仲間：全草に含まれるシュウ酸カルシウム	38
	ディフェンバキアの仲間：全草に含まれるシュウ酸カルシウム	40
	スパティフィラムの仲間：全草に含まれるシュウ酸カルシウム	44
	アンスリウムの仲間：全草に含まれるシュウ酸カルシウム	197
	カラジウム：全草に含まれるシュウ酸カルシウム	198
	アグラオネマの仲間：全草に含まれるシュウ酸カルシウム	200
	アロカシアの仲間：全草に含まれるシュウ酸カルシウム	202
	ポトス：全草に含まれるシュウ酸カルシウム	204
	モンステラ：全草に含まれるシュウ酸カルシウム	205
	フィロデンドロンの仲間：特に葉に含まれるシュウ酸カルシウム	206
	シンゴニウム：全草に含まれるシュウ酸カルシウム	208
	カラーの仲間：特に葉や仏炎苞に含まれるシュウ酸カルシウム	210
	ミズバショウ：全草に含まれるシュウ酸カルシム	212
	ザゼンソウ：全草に含まれるシュウ酸カルシウム	213
	アガベの仲間：汁液に含まれるシュウ酸カルシウム	219
	サボテン科植物：茎節に密に生える芒刺	244
一次刺激性物質	アネモネ：全草、特に葉や茎の中に含まれる配糖体のラヌンクリン	221
	シュウメイギク：全草、特に葉や茎の中に含まれる配糖体のラヌンクリン	222
	オダマキの仲間：全草、特に葉や茎の中に含まれる配糖体のラヌンクリン	223
	クレマチスの仲間：全草、特に葉や茎の中に含まれる配糖体のラヌンクリン	224
	アカリファの仲間：全株に含まれるテルペンエステル	233
	クロトン：全株に含まれるテルペンエステル	234
	ナンキンハゼ：全株、特に樹液や種子の油に含まれるホルボールエステル類	235
	ユーフォルビアの仲間：全株、特に樹液や種子の油に含まれるホルボールエステル類	236
	ジンチョウゲ：全株に含まれるダフネチン	239
	ミツマタ：全株、特に果実に含まれるクマリン配糖体	240
光毒性接触皮膚炎（皮膚にフロクマリン類などの物質が接触後、紫外線が照射されることによる）		
	インドゴムノキの仲間：乳液に含まれるフロクマリン類	228
	ヘンルーダ：汁液に含まれるフロクマリン類	242
	ホワイトレースフラワー：全草、特に果実、種子に含まれるフロクマリン類	261
アレルギー性接触皮膚炎（特別にアレルゲンとなる成分に過敏な人だけに起こる）		
接触蕁麻疹	事例は少ない	
遅延型接触皮膚炎	イチョウ：果肉状の外種被、葉に含まれる汁液	36
	プリムラの仲間：葉、花茎、萼片などの腺毛の先端にある細胞にプリミン	68
	アルストロメリアの仲間：全草に含まれるアレルギー性物質ツリパリンA、ツリパリンB	214
	チューリップの仲間：全草、特に球根に含まれるアレルギー性物質ツリパリンA、ツリパリンB	216
	マンゴー：果皮、果肉、果汁に含まれるウルシオール類似物質	241
	ブルースター：乳液に含まれる不明物質	247
	イエギク：花と葉に含まれるアラントラクトン	254
	ヘデラの仲間：果実と葉に含まれるファルカリノール	258
	ポリスキアスの仲間：全株に含まれるファルカリノール	259
	シェフレラの仲間：葉に含まれるファルカリノール	260

❷植物の有毒成分

　植物の毒性成分としてもっとも代表的なものとして、アルカロイド（alkaloid）、配糖体（glycoside）、テルペン（terpene）などが知られます。

　アルカロイドは、窒素原子を含む有機化合物のうち、アミノ酸やペプチド、タンパク質などを除いた化合物の総称です。ほとんどはアルカリ性を示し、植物が含む有毒成分の中ではもっとも多いもので、一般に中枢神経系や自律神経系に作用します。一般には強い苦味を示します。アルカロイドがすべて有毒であると誤解されている方がいますが、アルカロイドにはビタミンB_1や、うまみ成分であるイノシン酸も含まれます。

　配糖体は水酸基を持つアルコール類あるいは、フェノール類と単糖類の１〜数個がグリコシド結合したものの総称です。ステロイド系配糖体で、心臓に作用して拍動を強めるものを総称して強心配糖体（cardiac glycoside）と総称し、毒性が強いものが知られます。サポニン（saponin）も配糖体に含まれます。

　テルペンは、炭素５個のイソプレンという化合物を構造単位としてできる天然有機化合物の総称です。精油（揮発性のある植物成分）の中によく含まれています。

　また、皮膚炎を引き起こす毒性成分としてはシュウ酸塩がよく知られ、水に可溶性のシュウ酸カリウム、シュウ酸ナトリウム、不溶性のシュウ酸カルシウムがあります。

❸食中毒と有毒植物

　1989〜2010年（平成元〜22）における厚生労働省（1989〜98年は厚生省）監修の全国食中毒事件録（平成元年〜22年版）に基づく、自然毒の食中毒事例の調査によると、高等植物による食中毒の発生件数は近年少しずつ増加しているといわれています（登田ら, 2012）。1961〜2010年（昭和36〜平成22）における過去50年間のわが国の高等植物による食中毒事例の調査によると、発

生件数では、1位はダチュラ（p.78）とブルグマンシア（p.74）を総称したチョウセンアサガオ類（83件）、2位はバイケイソウ類（79件 p.26）、3位はトリカブト類（78件 p.56）、4位はヤマゴボウ類（38件 p.64）、5位はスイセン（31件 p.50）とされます（登田ら, 2014）。また、患者数では、1位はジャガイモ（918人 p.72）、2位はバイケイソウ類（338人）、3位はダチュラ（p.78）とブルグマンシア（p.74）を総称したチョウセンアサガオ類（307人）、4位はトリカブト類（218人 p.56）、5位はヤマゴボウ類（209人 p.64）、死亡例発生件数では1位はトリカブト類（10件 p.56）、2位はドクウツギ（3件）、同数3位はイヌサフラン（2件 p.46）、ギンナン（2件 p.36）、グロリオサ（2件 p.48）、ジギタリス（2件 p.80）と報告されています（登田ら, 2014）。

　厚生労働省のウェブサイトに掲載されている食中毒発生事例（平成12〜21年）に基づく有毒植物による食中毒患者数では、ジャガイモが最も多く、これは小・中学校など学校環境で集団食中毒として発生しており、現場の教育担当者における有毒植物に対する知識不足に起因していると報告されています（笠原, 2010）。有毒植物に対する啓発普及活動は急務といえます。

　本書ではバイケイソウの仲間（バイケイソウ、コバイケイソウなど）やドクウツギのように、身近に栽培されていない高等植物は詳しく扱っていませんが、食中毒で大きな問題となっている栽培される植物について詳述しています。

❹歴史の中の有毒植物

☑ 4.1 矢毒に利用される有毒植物

　私たち人が植物の有毒成分を「毒」として積極的に利用したのは、矢毒がその最初ではないでしょうか。

　紀元前2181〜前2050年の古代エジプトの遺跡から、茶色がかった水溶性のガム状物質を塗った矢じりが見つかり、その物質はキョウチクトウ科のアデニウム属（*Adenium* p.169）、アコカンテ

ラ属（*Acokanthera*）、カロトロピス属（*Calotropis*）に含まれる有毒物質と推定されています（関田, 1997）。

アフリカ圏では、同じキョウチクトウ科のストロファンツス属（*Strophanthus* p.177）の植物も矢毒に利用する植物として有名です。種子に強心配糖体のG–ストロファンチン（g-strophanthin）を含み、別名ウアバイン（ouabain）と呼ばれます。アイヌ民族もクマやクジラ、アザラシ、オットセイを狩る矢毒として、トリカブト属（p.56）のエゾトリカブト（*Aconitum sachalinense* subsp. *yezoense*）、オクトリカブト（*Aconitum japonicum* subsp. *subcuneatum*）などの塊根を使用していました。

アコカンテラ・オブロンギフォリア

ストロファンツス・グラッス

☑ 4.2 伝説に知られる有毒植物

マンドレイク（*Mandragora* spp.）は、西洋において最も妖しい伝説に満ちた植物です。

マンドレイクはナス科に属し、属名よりマンドラゴラとも呼ばれ、古くから麻酔鎮痛薬などとして利用されていました。毒性が強いために現在では薬用としての利用はありません。根にトロパンアルカロイド（tropane alkaloids）のスコポラミン（scopolamine）

マンドラゴラ・オフィキナリス

"*Tacuinum Sanitatis*"（1474）
に描かれたマンドレイク

マンドレイクが描かれた
トルコの切手（1979）

やヒヨスチアミン（hyoscyamine）を含みます。太い根が二股に分かれ、個体によってはあたかも人の下半身に見えます。引き抜くとすさまじい悲鳴をあげ、まともにその声を聞いた者は命を落とすと信じられていました。マンドレイクを引き抜くには危険を伴うことから、根に結んだ紐の端をイヌの首につなぎ、遠くからイヌを呼ぶことで引き抜く方法も考案されたほどです（写真左上参照）。

J・K・ローリングの「ハリー・ポッターシリーズ」の『ハリー・ポッターと秘密の部屋』にも、授業の中で耳あてをしてマンドレイクを植え替える場面があります。

☑ 4.3 シーボルト事件と有毒植物

日本に近代医学を伝えたことで有名なシーボルト（1796 〜 1866）は、オランダ商館の医師として 1823 年（文政 6）に来日しました。彼はオランダ政府から、「日本の博物とその情報収集および医学の伝授」という任務を与えられて派遣された特別な人物でした。

彼は非常に有能な医師であったことに加え、オランダ政府の後押しもあって、鎖国政策下にあった日本で相当な行動の自由を得ることができました。また、長崎市の鳴滝で日本人に医学を教えるために鳴滝塾を開き、門弟たちに情報を集めさせました。鳴滝塾には薬園も備えていました。1826 年には新任の商館長に随行して江戸参府に出かけ、約 1 か月にわたって滞在しました。眼科医の土生玄碩（1762 〜 1848）は江戸滞在中のシーボルトを訪ね、瞳

ベラドンナ　　　　　　　　　　　　　　　　　ハシリドコロ

孔を広げる薬としてベラドンナ（*Atropa bella-donna*）の根茎を譲り受けました。土生玄碩が再度分与を願い出た時、日本にも同じものがあるとしてシーボルトが教えたのが、ハシリドコロ（*Scopolia japonica*）です。その際、将軍から与えられた葵の紋が付いた小袖をお礼としてシーボルトに贈りました。

　1828 年、シーボルトが滞日中に収集した研究資料を積んだ船が台風のために漂流し、その荷物から海外への持ち出しを禁止されている葵の紋が付いた小袖と日本地図が発見されました。シーボルトは幕府から、日本からの退去と再び戻ることを禁止されました。世にいう「シーボルト事件」です。

❺園芸植物と有毒植物

　有毒植物を扱う海外文献および国内文献をマバリーの分類体系で整理し、日本において栽培されるものを選び出した土橋（2014）のデータを基に、APG Ⅳ により整理しなおしたところ、日本で栽培される有毒植物として 81 科、193 属、296 分類群が抽出でき、最も有毒植物を多く含む科は、属数ではマメ科で 14 属、分類群数はナス科とキンポウゲ科の 21 分類群でした。厚生労働省のウェブサイト自然毒のリスクプロファイルでは、園芸活動で利用される可能性があるものとしてはわずかに 19 分類群のみが示されているに過ぎず、日本で栽培されていると思われる有毒植物 296 分類

科名	属数	分類群数	科名	属数	分類群数	科名	属数	分類群数
表3　有毒植物の科別属数と分類群数								
マメ科	14	15	アヤメ科	1	4	オトギリソウ科	1	1
ヒガンバナ科	12	20	クワ科	1	4	クスノキ科	1	1
サトイモ科	12	18	ツユクサ科	1	4	ゲルセミウム科	1	1
キンポウゲ科	10	21	フウロソウ科	1	4	コショウ科	1	1
ナス科	10	21	モクセイ科	1	4	サボテン科	1	1
トウダイグサ科	9	16	シュウカイドウ科	1	3	ザミア科	1	1
クサスギカズラ科	9	15	ツリフネソウ科	1	3	センダン科	1	1
キョウチクトウ科	8	9	ヒルガオ科	1	3	ソテツ科	1	1
キク科	6	7	イソマツ科	1	2	タデ科	1	1
バラ科	5	9	イチイ科	1	2	トケイソウ科	1	1
ケシ科	5	7	カタバミ科	1	2	ニクズク科	1	1
ウコギ科	4	8	ツゲ科	1	2	ノウゼンカズラ科	1	1
ツツジ科	4	6	ムラサキ科	1	2	パイナップル科	1	1
キキョウ科	3	5	ヤマモガシ科	1	2	ヒノキ科	1	1
ナデシコ科	3	4	ユリズイセン科	1	2	フトモモ科	1	1
サクラソウ科	2	4	ワスレグサ科	1	2	ペティウェリア科	1	1
ムクロジ科	2	4	アオキ科	1	1	ミカン科	1	1
ジンチョウゲ科	2	3	アカバナ科	1	1	ミズキ科	1	1
スイカズラ科	2	3	アサ科	1	1	メギ科	1	1
ミソハギ科	2	3	アジサイ科	1	1	モチノキ科	1	1
アオイ科	2	2	アブラナ科	1	1	ヤシ科	1	1
アカネ科	2	2	イチョウ科	1	1	ヤマゴボウ科	1	1
イヌサフラン科	2	2	イラクサ科	1	1	ユキノシタ科	1	1
ウリ科	2	2	イワタバコ科	1	1	ユリ科	1	1
クマツヅラ科	2	2	ウラボシ科	1	1	ロウバイ科	1	1
シソ科	2	2	ウルシ科	1	1			
セリ科	2	2	オオバコ科	1	1	合　計	193	296
ベンケイソウ科	2	2	オシロイバナ科	1	1			

※土橋（2014）を基に APGIV により整理しなおした
※栽培品種群（cvs.）は1分類群とした

群のわずか 6.4％です。園芸および植物愛好家、生産者、学校関係者、福祉施設関係者など、園芸活動を行うすべての人たちが自ら情報を知る努力が必要です。

❻食用植物と有毒植物

　また、上記の調査によると、食用植物として扱われるモロヘイヤ（アオイ科）、イチョウ（イチョウ科　p.36）、ニガウリ（ウリ科　p.143）、アスパラガス（クサスギカズラ科　p.108）、イチジク（クワ科　p.228）、セロリ（セリ科　p.262）、アロエ・ベラ（ワスレグ

サ科　p.94）、トウガラシ（ナス科　p.249）、トマト（ナス科　p.277）、ジャガイモ（ナス科　p.72）、タマネギ（ネギ科　p.266）、ウメ（バラ科　p.142）、ビワ（バラ科　p.141）、ダイズ（マメ科）、ナタマメ（マメ科　p.129）、ベニバナインゲン（マメ科　p.137）、ヘンルーダ（ミカン科　p.242）など34種が含まれていました（土橋, 2014）。これらの中には、通常の食生活の中では健康被害は問題ないものがほとんどですが（一部、ペットに健康被害を引き起こす）、食用植物といえども正しい取り扱いを知らないと事故につながる危険性があることを示しています。食用植物における有毒植物の取り扱いの一助とするために、有毒部位により分類を示します（p.20 表4）。

　ダイズ（*Glycine max*）はタンパク質や脂質、カルシウムなどのミネラルが豊富で、味噌や醤油、豆腐、豆乳、おから、油揚げ、高野豆腐、納豆、大豆油、きな粉、もやし、枝豆などに利用され、日本ではなくてはならない農作物のひとつです。しかし、タンパク質分解酵素のトリプシンの作用を阻害するトリプシンインヒビター（trypsin inhibitors）を含むため、生で食べ過ぎると下痢や嘔吐などを引き起こします。きな粉も食べ過ぎると下痢を起こすとのことです（佐竹, 2012）。

　トマト（*Solanum lycopersicum*）は世界中で人気のある野菜のひとつです。しかし、茎や葉、果実にもアルカロイド配糖体のトマチン（tomatine）を含み、人によっては嘔吐をすることがあるそうです（佐竹, 2012）。

　アオイ科のモロヘイヤ（*Corchorus olitorius*）は健康食品として、葉が流通していますが、園芸愛好家が苗を購入して栽培していることがよくあります。この際に問題となるのが、茎や果実、種子の混入です。茎や果実、種子には強心配糖体のストロファンチ

モロヘイヤの果実

表4　食用植物における主な有毒植物と有毒部位による分類		
植物名	**有毒情報**	**頁**
食用部が有毒		
ダイズ	種子にトリプシンインヒビター（タンパク質分解阻害酵素）を含む	19
トマト	果実にアルカロイド配糖体のトマチンを含む	19、277
セロリ	特に腐った部位に光毒性物質であるフロクマリン類を含む	21、262
イチョウ	食用とする種子（銀杏）に食中毒の原因物質ギンコトキシンを含む	36
ユウガオ	果実に苦味成分ククルビタシン類を含み、食用として選抜していない、スイカなどの台木に結実した果実には注意する	60
ジャガイモ	イモの光が当たって緑色になった部分、芽の周辺にポテトグリコアルカロイド（α型－ソラニンなど）を含む	72
アロエ・ベラ	全草にバルバロインを含む	94
アスパラガス	恐らくは全株などに含まれるサポニンによる	108
ナタマメ	完熟種子にコンカナバリンAやカナバリン、その他有毒成分を含む	129
ベニバナインゲン	種子にフィトヘマグルチニンを含む	137
ビワ	未熟果、種子に青酸配糖体アミグダリンを含む	141
ウメ	未熟果、種子に青酸配糖体アミグダリンを含む	142
キャッサバ	塊根に青酸配糖体を含む	151
トチノキ	種子にエスクリン、エスシンなどを含む	159
ヤエヤマアオキ	不明	168
イチジク	乳液に光毒性物質フロクマリン類を含む	228
マンゴー	果皮、果肉、果汁にアレルギー作用のあるウルシオール類似物質を含む	241
ヘンルーダ	汁液に光毒性物質フロクマリン類を含む	242
トウガラシ	果実と種子に粘膜刺激性のあるアルカロイドのカプサイシンを含む	249
食用部以外が有毒		
モロヘイヤ	茎や果実、種子には強心配糖体のストロファンチジンを含む	19
トマト	葉、茎、根にアルカロイド配糖体のトマチンを含む	19、277
イチョウ	外種皮、葉にアレルギー惹起物質のギンコール酸を含む	36
ジャガイモ	地下茎の先の小さなイモ、まれに結実する果実はポテトグリコアルカロイド含量が多い	72
ニガウリ	完熟果の果肉、種子にモモルジンを含む	143

ジン（strophanthidin）を含
み、牛が種子を混入した飼料
を食べて死亡したことがあ
ります（佐竹, 2012）。

ズッキーニ

　また、2014年9月、岡山県
においてこれまでほとんど
問題とされていなかった
ズッキーニ（*Cucurbita pepo*）
を食べたところ、男女14人
が下痢や腹痛の食中毒症状を訴えたというニュースが報道されま
した。この食中毒の原因物質としてあげられたのが、ウリ科特有
のククルビタシン類（p.61）でした。ククルビタシン類は調理に
よる熱で分解されることはないので、ウリ科植物を調理する際は、
味見をして、通常にはない苦みや渋みを感じれば破棄することも
必要です。

　香味野菜のセロリ（*Apium graveolens* var. *dulce*　p.262）は、腐
敗した部分に光毒性物質であるフロクマリン類（furocoumarins）を
大量に含むため、汁液が皮膚についた部分が紫外線に敏感になり、
日光に当たると、皮膚炎を起こします。

　タマネギ、ネギ、ニラなどは、アリルプロピルジスルフィド（allyl
propyl disulfide）などの有機硫黄化合物が含まれ、特にネコに対し
て健康被害を引き起こすことで有名です（p.266）。

❼嗜好品と有毒植物

　「たばこ」はタバコ（*Nicotiana tabacum*　p.184）の葉を喫煙用
たばこや噛みたばこ、嗅ぎたばこに加工されたもので、世界中で
使用される嗜好品です。葉に依存性のあるアルカロイドのニコチ
ン（nicotine）を含みます。ニコチンは硫酸ニコチンとして抽出さ
れ、農業用殺虫剤としても利用されます。

　「たばこ」の有毒性については、主に喫煙により生じる煙につい

開花中のタバコ　　　　　　　　　タバコ畑（高知県にて）

てはよく知られています。一方、ニコチンそのものの有毒性については あまり知られていません。

　紙巻たばこには1本あたり、約16〜24mgのニコチンが含まれているとされ、約1本で小児、2〜4本で成人の命にかかわる量のニコチンが含まれるということです（船山, 2013）。葉タバコ栽培において、収穫時に作業者が夜露に濡れたタバコの葉を扱って、露に溶け出したニコチンが皮膚から吸収されて急性中毒を引き起こすこともあります（内藤, 1991）。

　たばこの吸い殻をビールやジュースなどの空き缶などに入れるケースがよく見られますが、ニコチンは水によく溶けるため、非常に危険な行為といえます。空き缶には少量の液体が入っている場合が多く、子どもが誤って飲むと重篤な健康被害を引き起こします。また、吸い殻を水溜りに捨て、その水をイヌやネコが飲んで健康被害を引き起こすことがあります。

　喫煙者は、たばこの喫煙被害だけでなく、ニコチンそのものの有毒性にも留意し、有毒物質を持ち歩いていることを自覚する必要があるでしょう。

　キク科のニガヨモギ（*Artemisia absinthium*）は、アルコール度数が70％ほどの強い酒として有名なアブサンに加えられる植物として有名です。アブサンは薄い緑色ですが、ニガヨモギに含まれるテルペノイド類が水に溶けにくいことから、水を加えると白濁します。ニガヨモギに含まれるテルペン類のツジョン（thujone）

は、大量摂取すると、向精神性
作用により幻覚、錯乱を引き起
こします。習慣性があるため、
過度に飲み過ぎるのは危険で、
画家のゴッホ（1853〜90）は、
アブサンにより身を滅ぼしたと
も考えられています。

ニガヨモギ

　緑茶や紅茶の原料であるツバ
キ科のチャ（*Camellia sinensis*）
や、コーヒーの原料であるアカ
ネ科のアラビアコーヒー
（*Coffea arabica*）にはアルカロ
イドのカフェイン（caffeine）を
含みます。カフェインには中枢
神経興奮作用があり、私たちの
日常の嗜好品として毎日のよう
に飲用されています。通常の飲

カカオ

用は問題ありませんが、カフェインのLD_{50}（半数致死量）値は
130mg／kg（マウス、経口）で、結構強い毒性があるとされます
（船山、2012a）。しかし、半数致死量に達するのは、成人ではコー
ヒーで一度に飲む量が12〜24リットル、玉露で6.5リットルで
すので、まず問題になることはありません。

　アオイ科のカカオ（*Theobroma cacao*）は、嗜好品のチョコレー
トやカカオの原料です。含まれるアルカロイドのテオブロミン
（theobromine）は、人には問題ありませんが、イヌはテオブロミ
ンの代謝スピードが遅く、小型犬では50g程度のチョコレートで
中毒症状を引き起こします。

❽薬用植物と有毒植物

　オオバコ科のジギタリス（*Digitalis purpurea*）を最初に医薬と

ケジギタリス

クララ

して注目したのは、18世紀のイギリス人農村医ウィリアム・ウィザーリング（William Withering　1741〜99）とされ（p.80）、葉が強心利尿薬として利用されていました。しかし、過剰な摂取による死亡例が多く、危険な有毒植物と考えた方がよいでしょう。なお、薬用として慢性心不全の予防や治療に使用されるジゴキシン（digoxin）は、ジギタリスに含まれておらず、近縁種のケジギタリス（*Digitalis lanata*）に含まれています。ケジギタリスはジギタリスに比べて高い薬効を持つ一方、有毒性も強い危険な有毒植物といえます。

　マメ科のクララ（*Sophora flavescens*）は根の乾燥品を漢方では「苦参」と呼び、健胃薬、利尿薬、収れん薬、止瀉薬として利用されています。駆虫薬として家畜の寄生虫駆除にも利用します。根にアルカロイドのマトリン（matrine）という苦み成分を含みま

キキョウ

す。クララの名の由来は、この植物をなめるとくらくらと目まいを起こすほど苦いことに由来しています。苦参を服用しすぎると、脈拍や呼吸が早くなり、ひどくなると呼吸困難を引き起こします。また、家畜で中毒になる事例が知られます。

　キキョウ科のキキョウ

（*Platycodon grandiflorus*）の根は太く、乾燥したものは「桔梗根」と呼ばれ、日本薬局方にも収録される生薬で、去痰や咳止め、鎮痛などに使用されます。全草にサポニンを含むため、誤って口にすると嘔吐や下痢、胃腸障害を引き起こすといわれ（佐竹, 2012）、生薬の使用によっても中毒により嘔吐や下痢をするとのことです（船山, 2012b）。一方、韓国ではキキョウの根はトラジと称して、塩水で煮てナムルなどにして食べます。茹でることでサポニン成分を取り除き、無毒化することで食用としているのです。

ドクダミ

五色ドクダミ

　ドクダミ科のドクダミ（*Houttuynia cordata*）は、開花期の地上部を乾燥させたものが「十薬」と呼ばれ、日本薬局方にも収録される生薬です。ドクダミは、センブリ（*Swertia japonica*）、ゲンノショウコ（*Geranium thunbergii*）とともに「三大民間薬」とされます。民間薬の利用としてはドクダミ茶が知られますが、ドクダミには光感受性のあるフェオフォルバイドa（pheophorbide a）が含まれ、服用後に日光に当たると皮膚を荒らす場合があるとされます（船山, 2012b）。葉に美しい斑が入る五色ドクダミがよく栽培されます。

❾山野草・茶花と有毒植物

　1961〜2010年（昭和36〜平成22）における過去50年間のわが国の高等植物による食中毒事例の調査によると、発生件数、患者数ともに、2位はバイケイソウ類で（登田ら, 2014）、よく食中

毒を引き起こす有毒植物として知られます。

　バイケイソウ（*Veratrum oxysepalum*）、コバイケイソウ（*Veratrum stamineum*）ともにシュウロソウ科に属し、山野草として栽培されたり、茶花などに利用されたりすることがあります。全草に、アルカロイドのプロトベラトリン（protoveratrine）、ジェルビン（jervine）、シクロパミン（cyclopamine）、ベラトラミン（veratramine）などを含んでいます。新芽の時の形態が、山菜として人気のあるオオバギボウシ（*Hosta sieboldiana* var. *montana* 山菜のウルイ）やギョウジャニンニク（*Allium victorialis* subsp. *platyphyllum*）と似ており、間違って食べてしまうことによる食中毒事故が多発しています。誤って食べると、30分から1時間以内に、吐き気、嘔吐、手足のしびれ、呼吸困難、脱力感、めまい、けいれん、血圧低下などを引き起こします。重症の場合は意識不明となり、死亡例もあります。

　キンポウゲ科のイチリンソウ（*Anemone nikoensis*）も健康被害が報告されています。イチリンソウは全草にプロトアネモニン（protoanemonin）、ラヌンクリン（ranunculin）を含みます。食中

バイケイソウ　撮影／竹前　朗

イチリンソウ（開花時）

イチリンソウ（芽生え時）

毒では、山菜として人気のあるニリンソウと間違って食べることによる例が報告されています。

ニリンソウ

　また、汁液により皮膚表面が赤くなったり、水疱や化膿が生じたりします。イチリンソウは早春の趣のある山野草、茶花として人気があります。汁液が皮膚についた際は、十分に水洗いをするとよいでしょう。

　ナス科のハシリドコロ（*Scopolia japonica*）は、その芽生えがフキ（*Petasites japonicus*）の芽生えで、山菜として人気のあるフキノトウ（蕗の薹）に似ていることから、誤食による食中毒がよく起こっています。ハシリドコロは、全草に、アルカロイドのヒヨスチアミン（hyoscyamine）、スコポラミン（scopolamine）などの幻覚性トロパンアルカロイドを含みます。誤って食べると、ほろ苦く、思いのほか美味とされますが、1〜2時間で発病し、嘔吐やけいれん、昏睡などの中毒症状を発症するとされます（厚生労働省）。

ハシリドコロ（芽生え時）

フキノトウ（フキの芽生え）

　セリ科のドクゼリ（*Cicuta virosa*）は、若葉をセリ（*Oenanthe javanica*）、根茎をワサビ（*Eutrema japonicum*）と間違えることによ

ドクゼリ

イラクサの刺毛

る食中毒が報告されています。全草に猛毒のポリイン化合物のシクトキシン（cicutoxine）を含み、誤って食べると30分以内に嘔吐、下痢、腹痛、めまい、動悸、耳鳴、意識障害、けいれん、呼吸困難などを引き起こします。根茎を縦割りすると、筍のような太い節があるのが特徴です。

接触皮膚炎を引き起こす山野草としては、イラクサ科のイラクサ（Urtica thunbergiana）がよく知られます。イラクサには刺毛といって、葉や茎の表面に硬い毛があり、中に刺激性物質を含んでいます。触れると先端が折れて刺さり、棘の基部に貯えられているヒスタミン（histamine）やアセチルコリン

タケニグサ

（acetylcholine）などが皮膚に注入されます。すぐに痛みが走り、やがて蕁麻疹を生じます。

ケシ科のタケニグサ（Macleaya cordata）は、茎を切ると黄色の汁液を生じます。全草にアルカロイドのサングイナリン（sanguinarine）やケレリスリン（chelerythrine）などを含み、汁液が皮膚につくと皮膚炎を起こします。また、芽生えは一見すると食べられそうで、誤って食べると嘔吐、下痢、ひどい場合は酩酊状態、呼吸困難などを引き起こします。

⓾麻薬・向精神薬と有毒植物

アサやケシなど、「麻薬及び向精神薬取締法」や「あへん法」「大麻取締法」などで取り締まりが行われている植物も有毒植物の範

疇に入ります。

　アサ科のアサ（*Cannabis sativa*）は、古くから繊維を利用したり、果実を食用としたりされていました。しかし、完熟した果実や表皮をはぎ取った茎以外の全草（特に葉や花穂）に、幻覚作用を持つテトラヒドロカンナビノール（tetrahydrocannabinol）を含み、代表的な幻覚植物です。アサの未熟果と葉を乾燥したものはマリファナ、花序を加工したものはハシシュで、これらを総称して大麻と呼び、「大麻取締法」で栽培および所持が禁止されています。

　ケシ科のケシ（*Papaver somniferum*）およびアツミゲシ（*Papaver somniferum* subsp. *setigerum*）は、あへんの原料植物であることから、「あへん法」で栽培や所持が規制されています。開花後にできるケシ坊主と呼ばれる未熟果に傷をつけると、麻薬成分であるモルヒネ（morphine）を含む白〜淡紅色の乳液が浸出

アサ（東京都薬用植物園にて）

ケシのケシ坊主（東京都薬用植物園にて）

アツミゲシ

ケシの完熟種子

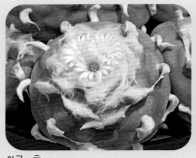
ペヨーテ

マオウ

し、ほどなく黒色になり、これをかき集めたものが「阿片」です。
ヘロインはモルヒネを化学的に変化させたもので、極めて依存性
が高く、モルヒネもヘロインも麻薬に指定されています。一方で、
モルヒネは医師の処方のもと、がん患者の疼痛緩和に使用される、
重要な麻酔薬でもあります。完熟した種子には毒はなく、炒ると
香ばしく、あんぱんの上などに振り掛けられたりしています。

　サボテン科のペヨーテ（*Lophophora williamsii*）は、日本では
烏羽玉と呼ばれ、全草に強い幻覚作用のあるアルカロイドのメス
カリン（mescaline）を含みます。古くからアメリカの先住民族の
宗教的な儀式に用いられてきました。オウム真理教は1990年代に
メスカリンを化学合成し、信者のマインドコントロールに使用し
たといわれます（警察庁）。

　マオウ科のマオウ属（*Ephedra*）のフタマタマオウ（*Ephedra
distachya*）やマオウ（*Ephedra sinica*）などの地下茎は、古くから
生薬の「麻黄」として用いられています。麻黄は漢方薬として有
名な「葛根湯」にも使用されています。麻黄には気管支喘息に効き
目のあるアルカロイドのエフェドリン（ephedrine）を含んでいま
す。覚醒剤に指定されるメタンフェミタン（methamphetamine）は、
ヒロポンと呼ばれ、エフェドリンから合成して生まれたものです。

⓫子どもと有毒植物

　幼稚園や保育所など、子どもたちの教育や保育現場において、

草花遊びが行われますが、指導する幼稚園教諭や保育士が有毒植物のことをよく知らないと、事故につながる可能性があります。

　大きなサトイモ（*Colocasia esculenta*）の葉を使ってお面を作って遊ぶことがありますが、全草に不溶性のシュウ酸カルシウム（calcium oxalate）を含んでいます。シュウ酸カルシウムは針状結晶で粘膜に対する強い刺激性があるため、汁液が目や口につかないように注意する必要があります。

サトイモの葉のお面

　子どもの草花遊びの専門書（出原, 2010；小林・小林, 2008）においても、ヤマゴボウ科のヨウシュヤマゴボウ（*Phytolacca americana* p.64）は、色水作りの材料として紹介されています。一見すると果実はいかにも美味しそうで、子どもに

苞に緑色部が残るホオズキの未熟果

は魅力的な植物です。しかし、果実内の種子にアルカロイドのフィトラッカトキシン（phytolaccatoxin）、サポニンのフィトラッカサポニン（phytolaccasaponins）、アグリコンのフィトラッキゲニン（phytolaccigenin）などを含むため、口にすると、下痢、腹痛、嘔吐、倦怠感を起こす危険性があります。

　ホオズキ（*Alkekengi offcinarum*　p.187）の果実をよく揉んで、つまようじなどで穴を開けて果肉を出して、口の中で、穴を舌の先でふさいだまま、上あごで押し付けるようにすると音が出ます。著者も幼い頃によく遊んだものです。しかし、ホオズキの未熟果には、ソラニン（solanine）や、抗コリンアルカロイド（anticholinergic

オシロイバナの果実

小さなジャガイモ

alkaloids）のアトロピン（atropine）を含んでいますので、十分に完熟した果実を使用するようにします。

　オシロイバナ科のオシロイバナ（*Mirabilis jalapa*　p.158）の果実は一見すると種子のようです。果実の中の胚乳は粉状で、白粉のようなのでオシロイバナの名があります。子どもたちの遊びでは、この白色の胚乳を顔につけるなどが知られます。しかし、オシロイバナの果実や根には、アルカロイドのトリゴネリン（trigonelline）が含まれます。誤って口にすると、胃痛、吐き気、嘔吐、腹部けいれん、下痢を引き起こす可能性があるとされます（Dauncey, 2010）が、トリゴネリンとの因果関係は明らかではありません。

　ヒガンバナ科のヒガンバナ（*Lycoris radiate*　p.102）は、昔から身近な植物であったことから、子どもたちの遊びにもよく使われます。赤い花を使って、かんざしとして髪に挿したり、花茎を途中で折って提灯に見立てて遊んだりします。また、花茎を切って水に浸けておくと、花茎の内側の細胞の方が水をよく吸収するため、切り口がくるくると丸くなる現象が見られます。全草にリコリン（lycorine）やガランタミン（galanthamine）などのアルカロイドを含みますので、少量なら問題にはならないと思いますが、たくさん食べてしまうと、吐き気、嘔吐、腹部のけいれん、下痢、脱水など、ひどい場合は中枢神経麻痺を引き起こします。

　クサスギカズラ科のヒアシンス（*Hyacinthus orientalis*　p.110）

表5　子どもの活動と有毒植物		
植物名	活動内容	頁
ドクダミ	ドクダミ茶をつくって飲む	25
サトイモ	葉でお面をつくる	31
ヨウシュヤマゴボウ	果実を使った色水あそび	31, 64
ホオズキ	果実を使った笛	31, 187
オシロイバナ	胚乳を使った「おしろい」づくり	32, 158
ヒョウタン	緑のカーテンとして栽培する	33, 60
ジャガイモ	芽が出たジャガイモで水栽培をする	33, 72
ニガウリ	緑のカーテンとして栽培する	33, 143
アサガオの仲間	緑のカーテンとして栽培し、タネ採りをする	33, 180
ヒガンバナ	花茎を水につけて裂ける様子を観察	32, 102
ヒガンバナ	花でかんざしや提灯をつくる	32, 102
ヒアシンス	水栽培をする	32, 110
ナンテン	果実をクラフトづくりに使う	118
トチノキ	果実を使ってしゃぼんをつくる	159

※出原（2010）、小林・小林（2008）、ながた（1998）を基に作成したが、定着していない活動は除外

は、大きな球根（鱗茎）を用いて、専用の水栽培容器で栽培されます。水栽培は室内で、球根を手に取ることができる状態で栽培することになります。全草、特に鱗茎にアルカロイドのリコリン（lycorine）を含むとともに、汁液にはシュウ酸カルシウムを含みますので、子どもたちが直接手に触れない場所で管理することが必要です。

　食育に関連した園芸活動では、ジャガイモ（*Solanum tuberosum* p.72）による食中毒がよく起こっています。指導者は栽培や、保管、調理において、正しい有毒情報が必要とされます。まだ大きくなっていない小さなジャガイモも有毒成分が多いので、興味本位で食べないようにしましょう。

　環境教育と一環として、「緑のカーテン」を実施する場合は、ヒョウタン（p.60）やニガウリ（p.143）、アサガオの仲間（p.180）も健康被害を引き起こす可能性があります。アサガオの仲間は、次年度の栽培用に、タネ採りをすることが多く、誤って食べないように注意を促す必要があります。

⓬有毒植物による健康被害の防止策と対処法

☑12.1 食中毒の防止策

①観賞用の園芸植物には有毒なものもあるので、家庭菜園などでは、食用植物と観賞植物はいっしょに栽培しないようにします。

②有毒成分が含まれる食用植物（銀杏（ぎんなん）など）は食べ過ぎないようにするとともに、正しい調理法（ジャガイモの芽を除去するなど）で料理します。

③幼児や認知障害がある方の周囲には、有毒植物を置かないようにします。

④山菜を採る場合は、図鑑だけに頼らず、よく知った人に同行してもらうなど、確実に安全なものだけを採るようにします。

☑12.2 食中毒の対処法

①なるべく早く医療機関で受診する必要があります。その際、原因と思われる植物や食べ残し、嘔吐物などを持っていくと、有毒成分の特定が早くなります。

②有毒成分を体内に吸収するのを防ぐため、食べたものを吐き出すようにします。吐きにくい時は0.9％の塩水を飲めば吐きやすくなります。

③有毒成分を希釈するために、水分補給として水や牛乳、緑茶などをグラス1杯ほど飲むとよいでしょう。ただし、タバコの誤食の場合、ニコチンは水に溶けやすいため、水分補給によりニコチンの吸収が早まるので危険です。

☑12.3 接触皮膚炎の防止策と対処法

①何度も同じような皮膚炎が起きるのであれば、いつもよく触れる植物がないかを考え、必要があれば専門医のパッチテストで原因植物を特定するようにします。

②原因となる植物に触れた時は、しっかりと水で洗い流します。

③目に入った時は、すぐに水道水で10〜15分間ほど洗い流します。

第 2 章　死亡例・事故例が多い園芸植物

レオンハルト・フックス（Leonhart Fuchs）著
"New Kreüterbuch"（1543 年）に描かれた
チョウセンアサガオ（*Datura metel*）

イチョウ

学 名	*Ginkgo biloba*
英 名	maidenhair tree
原産地	中国
結実期	秋

特 徴　イチョウは、裸子植物の
イチョウ目イチョウ科の中で唯一現存して
いる１種で、「生きた化石」と呼ばれま
す。高さ30 ～ 40m、幹の直径は5m
にも達する、雌雄異株の落葉樹です。
子房を持たない裸子植物であるために
果実はつくりません。種子は一見すると

種子

果実のように、肉質で臭気を放つ外種皮を持ち、中にいわゆる「銀杏」を含
みます。10月頃に葉が黄葉となるとともに、外種皮が柔らかくなり、種子は成熟
して落下します。食用とするのは、デンプンからなる内乳です。

人との関係

　日本には6世紀半ばに、仏教とともに中国から伝来されたと考えられています。
日本各地で街路樹や公園樹として栽培されています。材が柔らかく、緻密で、
歪みがでにくく、加工しやすいため、天板や
盆、将棋盤や碁盤などに用いられます。特に、
まな板は高級品とされます。「銀杏」は食用
とします。

　種子植物において運動性のある精子が存
在することを発見したのは、日本人の平瀬作
五郎（1856 ～ 1925）で、精子が発見され
たイチョウは、東京大学大学院理学系研究
科附属植物園本園（小石川植物園）にお
いて保存されています。

精子発見のイチョウ

銀杏

☑ 有毒部位・成分

　全株、特に種子と葉に含まれます。食中毒の原因物質は、これまで種々推測されていましたが、近年、種子（銀杏）に含まれるギンコトキシン（ginkgotoxin）とも呼ばれる4' O-methylpyridoxine（4'-MPN）であることが明らかになりました。ギンコトキシンはビタミンB$_6$とよく似た構造を持つため、ビタミンB$_6$の作用を競合的に阻害し、てんかん発作を誘発することがあります。乾燥銀杏1g中に約100mcg含まれます（日本中毒情報センター）。煮る、焼くなど熱処理では無毒化されません。外種皮や葉に含まれるギンコール酸は、皮膚炎の原因となります。

☑ 人への健康被害

　食中毒と接触皮膚炎を起こします。銀杏の人の経口中毒量は子どもで7〜150個、成人で40〜300個とされ、特に子どもにおいて食べ過ぎによる食中毒により嘔吐、けいれん、呼吸困難などが起こります。また、果肉状の外種皮や葉に含まれるギンコール酸は、ウルシに含まれるウルシオールとよく似ており、同様の皮膚炎を起こします。ウルシにかぶれやすい人はイチョウにもかぶれやすい傾向があります。眼に入ると結膜炎を起こします。

☑ 症　例

　銀杏を、1歳11か月の女児が50個ほど、1歳11か月の男児が30個ほど食べたことによる食中毒など、特に子どもを中心に食中毒例が報告されています（内藤，1991）。しかし、健常成人でも41歳女性が市販されている日本産袋詰め銀杏を購入し、自宅で炒って60個摂取したところ、吐き気、嘔吐、下痢、めまい、両上肢（腕と手）の機械的振動、悪寒（むかつき）などを引き起こした症例があります（宮崎ら，2010）。

☑ リスク低減

　昔から、銀杏は年の数以上は食べてはいけないという言い伝えがあるように、食べ過ぎには注意しましょう。

テンナンショウの仲間

学　名	*Arisaema*

英　名	cobra lily, Jack-in-the-pulpit

原産地　東アジアを中心に、熱帯アジア、アフリカ東部、アラビア半島、北アメリカ東部に約170種、日本には約40種が分布します。

開花・果実期	春～初夏・秋

特　徴　地下に球根（球茎）を持つ多年草。葉身は3～多数の小葉に分かれて、鳥足状、掌状の複葉となります。花は特徴的な仏炎苞に包まれた肉穂花序につきます。多くの種は雌雄異株で、栄養状態によって性転換することが知られています。果実はトウモロコシ状につき、赤く熟します。

ユキモチソウ

栽培される主な種類

◆ムサシアブミ（*A. ringens*）

本州近畿以西、琉球諸島から台湾に分布しています。仏炎苞は馬のあぶみ状にゆがんだ特異な形態をしています。

◆マムシグサ（*A. serratum* ／異：*A. japonicum*）

北海道～九州、朝鮮半島に広く分布します。

◆ユキモチソウ（*A. sikokianum*）

四国と九州の一部に分布しています。肉穂花序の上部の付属体は白色で、球状に肥大します。

ムサシアブミの未熟果

◆ウラシマソウ（*A. thunbergii* subsp. *urashima* ／異：*A. urashima*）

北海道の一部、本州、四国、九州に分布しています。和名の由来は、肉穂花序上部の付属体の先が糸状に長く伸び、浦島太郎の釣竿を連想することに因みます。

ムサシアブミ

マムシグサ

ウラシマソウ

人との関係

　本属の球茎を乾燥したものは、漢方の生薬「天南星」として利用されます。山野草として人気があり、よく栽培されますが、園芸目的の採取によって絶滅を危惧される種も多く、自生地からの採取は慎んでください。

☑ 有毒部位・成分

　全草、特に球茎と果実に不溶性のシュウ酸カルシウム（calcium oxalate）を含んでいます。シュウ酸カルシウムは細胞内に長い針状の結晶で存在します。粘膜に対する強い刺激性があります。

☑ 人への健康被害

　果実をトウモロコシなどに、まれに芽生えをウドやタラの芽に間違え、誤って口にすると唇や口の中の粘膜の炎症、腫れ、喉の痛みなどを起こします。汁液が皮膚に付着すると皮膚炎を生じます。

☑ 症　例

　2009年、男児が園外保育で生えていたマムシグサの若い果実を食べ、舌が痛いと訴え、1時間後、唇に軽度の腫れが認められました（厚生労働省）。

☑ リスク低減

　雌雄異株のため、1株を鉢で栽培する場合、結実することはまれです。果実などを誤って口にした際は、軽度であれば牛乳や水を飲ませて口内の針状結晶を洗い流すとよいでしょう。汁液が皮膚に付着した場合は、石鹸と水で十分に洗浄し、眼は流水で15分以上洗浄します。

ディフェンバキアの仲間

学　名	*Dieffenbachia*
英　名	dumb cane, dumb plant
原産地	熱帯アメリカに30種が分布。
開花期	不定期
特　徴	やや多肉質の多年草。花は

特徴的な仏炎苞に包まれた肉穂花序につきますが、観賞対象とはしていません。葉が取れた茎はサトウキビに似ており、誤って口にすると数日間はしゃべれなくなるため、英名はdumb cane（口がきけなくなるサトウキビなどの茎）またはdumb plant（口がきけなくなる植物）です。

ディフェンバキア‘カミラ’

栽培される主な種類

◆ディフェンバキア・アモエナ（*D. amoena*）

後述のディフェンバキア・セグイネに含まれるという説があります。栽培種と思われます。強健な大型種。葉身は長楕円形で、長さ40〜50cm、幅20cmほどになり、側脈に沿って白黄色斑がまだら線状に入ります。‘トロピック・スノー’がよく栽培されます。

◆ディフェンバキア・セグイネ（*D. seguine* ／異：*D. maculata, D. picta*）

メキシコ南部から中央アメリカ、南アメリカ北部、ブラジルに至る熱帯アメリカ原産。葉身は長卵状楕円形で、長さ30〜40cmで、全面緑色となりますが、ときに白緑色の斑点が入ります。‘ルドルフ・レールス’は、葉縁と主脈付近以外はほとんど黄白緑色になります。‘ホフマニー’の葉身は濃緑地に白色小斑が不規則に入り、主脈は白色、葉柄や茎にも白色模様が入ります。

◆栽培品種

多くの栽培品種が知られますが、来歴のわからないものが多いです。近年では、小型の栽培品種に人気があります。‘エキゾチカ’は昭和50年代に紹介され

た高さ35cmほどの小型品種で、子株の発生がよいために、ディフェンバキアが家庭で普及するきっかけとなりました。'メリー'は鮮緑色地の葉身に白斑が密に入ります。'メモリア・コルシー'は葉身の主脈に沿って灰白緑色の刷毛込み斑が密に入り、暗緑色の斑と白色小斑点が不規則に点在します。'カミラ'は'カミユ'とも呼ばれ、黄白ないし黄白緑色地に葉縁部が緑色になります。

人との関係

　葉身にいろいろな模様が入り、低日照条件でも生育できるため、室内の観葉植物としてよく栽培されています。

ディフェンバキア・アモエナ'トロピック・スノー'

ディフェンバキア・セグイネ

ディフェンバキア・セグイネ'ルドルフ・レールス'

ディフェンバキア・セグイネ'ホフマニー'

ディフェンバキア ʻエキゾチカʼ

ディフェンバキア ʻメモリア・コルシーʼ

ディフェンバキア ʻメリーʼ

☑ **有毒部位・成分**

　全草に不溶性のシュウ酸カルシウム（calcium oxalate）を含んでいます。シュウ酸カルシウムは細胞内に長い針状の結晶で存在します。誤って口にすると、通常、口の中や喉(のど)の痛み、腫れなどが生じます。ラットへの新鮮な絞(しぼ)り汁の経口投与において、LD$_{50}$（半数致死量）は160mg／kgとされます。また、未検証のタンパク質性毒素が含まれるとされます。

42

☑ 人への健康被害

　葉を食べたり、汁液をなめたりして、水疱を伴う口の中や唇、喉の腫れ、焼けるような痛み、嚥下困難、一過性の言語障害などを生じることがあります。ひどい場合は、呼吸困難、呼吸抑制を起こします。汁液が皮膚に付着すると皮膚炎を、眼に入ると結膜炎を起こします。

☑ 症　例

　子どもが葉を誤って口にすることにより、舌や唇がヒリヒリしたり、口の中に水疱ができたりします（内藤, 1991）。

　8歳児がディフェンバキアの汁液を左目につけ、直後に激しい痛みと羞明（強い光を受けた際の不快感や眼の痛みなど）が生じ、結膜炎も起こしたと報告されています（Spoerke・Smolinske, 1990）。

　40歳の女性がディフェンバキアの茎をかじったところ、直後に口の中の激しい痛みがあり、吐き出しましたが、6時間後に、顔面、頬、舌、口蓋に激しい腫れが生じ、一過性の言語障害、多量のよだれ、嚥下障害を起こしたとの報告があります（Spoerke・Smolinske, 1990）。

　41歳の男性の場合、ディフェンバキア・セグイネを噛むと、直後に舌の腫れとよだれ、一過性の言語障害が生じ、下痢も起こし、翌日は発熱、3日後にも喉の炎症が認められたとの報告があります（Spoerke・Smolinske, 1990）。

☑ リスク低減

　室内で観葉植物としてよく栽培されていますが、食用の他の植物と間違えて食べる危険性はなく、仮に口に入れても強い刺激痛があるので、多量に摂取することはまれです。ペットへの健康被害も報告されています（O'Kane, 2009）。子どもや認知障害がある人、ペットなどに対しては、手の届かない場所で管理するようにしましょう。誤って口にした際は、軽度であれば牛乳や水を飲ませて口内の針状結晶を洗い流すとよいでしょう。皮膚に汁液が付着した場合は、石鹸と水で十分に洗浄し、眼は流水で15分以上洗浄します。園芸作業において、植え替えや株分け、挿し木などの作業で汁液が手につくことが多いので、ゴム手袋などを着用するとともに、眼や口などに汁液が付着しないようにしましょう。

スパティフィラムの仲間

学　名	*Spathiphyllum*
英　名	peace lily
原産地	熱帯アメリカに 41 種が分布。
開花期	周年
特　徴	

常緑の多年草で、根茎か短い地下茎があります。花茎は葉より長く、花は肉穂花序につき、ときに芳香を放ちます。花序には白色または緑色の仏炎苞を伴い、長期間、観賞価値を保っています。

スパティフィラム ‘メリー’

栽培される主な種類

◆スパティフィラム・ブランドゥム（*S. blandum*）

ブラジル〜ホンジュラス原産。葉身は楕円形〜長楕円形で、長さ25cm、幅10cm ほど。仏炎苞は長楕円形で、先が尖っています。

◆スパティフィラム・コクレアリスパツム（*S. cochlearispathum*）

メキシコ原産。高さ1.5m 以上にある大型種です。葉身は長楕円形。仏炎苞は明緑色で、長さ15 〜 30cm、先はやや尖り、ボート状になります。花には芳香があります。

◆栽培品種

‘クリーブランディー’は古くから知られる栽培品種で、切り花として利用されています。‘マウナ・ロア’は高さ1m ほどになる大型品種で、花茎もよく伸びます。仏炎苞は純白の楕円形で、長さ10 〜 12cm。‘メリー’は日本で作出されたもので、コンパクトに育つため、室内の観葉植物として人気があります。

人との関係

　室内の観葉植物または切り花としてよく利用されています。アメリカ毒管理センターの 2010 年年報で示される植物による事故の頻度において、植物が同定されていないケースや、果実や葉などだけしか情報がないケースなどを除くと、第 2 位がスパティフィラムで、極めて頻繁に事故が起こっている植物です。また、

スパティフィラムは草笛でよく用いられることが報告されており（細野ら，2010）、観賞目的ではなく口に含むことから、注意を喚起する必要があります（土橋，2011a）。

スパティフィラム・ブランドゥム　　スパティフィラム・コクレアリスパツム　　スパティフィラム'マウナ・ロア'

☑ **有毒部位・成分**

全草に不溶性のシュウ酸カルシウム (calcium oxalate) を含んでいます。シュウ酸カルシウムは細胞内に長い針状の結晶で存在します。また、未検証のタンパク質性毒素が含まれるとされます。

☑ **人への健康被害**

誤って口にすると、唇に激しい痛みと、多くの場合、腫れや水疱を生じます。声のかすれや一時的な言語障害、嚥下障害が発生する場合があります。

☑ **リスク低減**

室内でよく栽培されていますので、子どもや認知障害がある人、ペットなどに対しては、手の届かない場所で管理するようにしましょう。誤って口にした際は、軽度であれば牛乳や水を飲ませてゆすぎ、口内の針状結晶を洗い流すとよいでしょう。園芸作業ではゴム手袋などを着用するとともに、皮膚に汁液が付着した場合は、石鹸と水で十分に洗浄し、眼は流水で15分以上洗浄します。

コルチカムの仲間

| 学　名 | *Colchicum* |

| 英　名 | autumn crocus, naked lady |

原産地　ヨーロッパ、地球海沿岸〜エチオピア、ソマリア、中央アジア、インド北部に約130種が分布します。

開花期　多くは秋

特　徴　地下に球根（球茎）を持つ球根植物。多くは秋に花が咲き、光沢のある葉はふつう翌春に展開します。花が葉をつけずに裸の地面から現れることから、英名は naked lady（裸の貴婦人）です。

コルチカム'ザ・ジャイアント'

栽培される主な種類

◆イヌサフラン（*C. autumnale*）

英：autumn crocus, fall crocus, meadow saffron, naked lady

本属中、最も一般的な種で、初秋に淡藤桃色の花が咲き、高さ15〜20cmになります。

◆栽培品種

交雑により、栽培品種が作出されています。'ザ・ジャイアント'は藤桃色の大きな花をつけます。'ウォーター・リリー'は藤色の八重咲き品種です。

コルチカムの葉

人との関係

　イヌサフラン属が含むアルカロイドのコルヒチンは、染色体を倍加する働きがあるため、倍数性の植物を作り出す品種改良によく用いられてきました。また、6世紀頃からリウマチや痛風の薬として利用され、現在でも痛風薬として利用されますが、嘔吐・下痢など激しい副作用があり、専門医の処方が必要です。

球根を土に植え込まずに、机の上に置いておくだけでも、美しく大きな花が咲く
ほど強いので、観賞用としてよく栽培されます。

☑ **有毒部位・成分**

　全草にアルカロイドのコルヒチン（colchicine）を含みます。

☑ **人への健康被害**

　球根や葉を誤って口にすることで嘔吐、下痢、皮膚の知覚減退、呼吸
困難に陥り、重症の場合は死亡することもあります。

　人のLDLo（最小致死量）は体重50 kgの場合、コルヒチンとして4.3
mg程度とされます（厚生労働省）。

☑ **症　例**

　開花後の翌春に生じる葉をギョウジャニンニク（p.266）やギボウシ
の仲間（p.270）と、球根をタマネギやジャガイモ（p.72）と間違えたこ
とによる食中毒例が報告されています。

　2007年5月、岩手県盛岡市で、自宅近くの道端で採取したイヌサフ
ランの葉をギョウジャニンニクと間違えて食べ、食中毒になったとの報
告があります（厚生労働省）。

　2015年9月、山形県山形市で自宅の庭に生えていたイヌサフランの
葉を食べ、その後死亡したとの報告があります（厚生労働省）。

　2015年6日、北海道札幌市内において家庭菜園で採取したイヌサフ
ランの球根を茹でて食べたところ、下痢、嘔吐及び多臓器不全などの症
状を呈し、その後死亡したとの報告があります（厚生労働省）。

☑ **リスク低減**

　栽培する際は、食用植物の近くで栽培しないようにします。葉が出て
くる時には花が咲かないので、混乱しないよ
うに大きなラベルをつけるようにします。ま
た、イヌサフランは誤認されるギョウジャニン
ニクやタマネギのようなネギ臭はしないので、
においでも判断できます。ペットへの健康被
害も報告されています（O'Kane, 2009）。

球根

グロリオサ

別　名	ユリグルマ、キツネユリ
学　名	*Gloriosa superba*
異　名	*G. rothschildiana*
英　名	glory lily, flame lily, climbing lily
原産地	東南アジア〜熱帯アフリカ・南アフリカ
開花期	主に夏
特　徴	地下に球根（球茎）を持つつる性の球

根植物。葉の先端にある巻きひげで他物にからんで、よじ登ります。縁が波打った花被片は反返り、雌しべの花柱は鋭角に曲がり、横に突き出ています。

球根

人との関係

　切り花に利用され、特に高知県で営利栽培されています。マレー地方では、塊茎を殺鼠剤に用い、粉にして家畜の皮膚寄生虫の駆除剤に使用するとされます。

☑ 有毒部位・成分
　全草、特に塊茎にアルカロイドのコルヒチン（colchicine）を含みます。

☑ 人への健康被害
　塊茎がヤマノイモのイモ（担根体）に似ることから、誤食による食中毒が起きています。口の中の激しい痛み、発熱、嘔吐などが発症し、死亡することもあります。致死量は0.8mg/kgとされます（厚生労働省）。

☑ 症　例
　2022年4月、宮崎県延岡市で、グロリオサの球根を食べたとみられる男性が死亡しています（読売新聞）。自宅の庭で採ったグロリオサの球根をすり下ろして食べたと推測されています。

☑ リスク低減
　ヤマノイモはすりおろすと粘り気が出ますが、グロリオサは粘らないので区別できます。ペットへの健康被害も報告されています（O'Kane, 2009）。

タマスダレ

学　名	*Zephyranthes candida*
英　名	fairy lily, rain lily, white rain lily
原産地	アルゼンチン、ウルグアイ原産
開花期	夏～初秋
特　徴	地下に球根(鱗茎)を持つ球根植物。

葉は肉厚で、線状または扁平状。花茎は 20 ～ 30cm で、径 4 ～ 5cm の白色花をつけます。

人との関係

日本には、19 世紀にヨーロッパからインドを経て渡来したといわれ、花壇の縁取りなど観賞用に広く栽培されています。一部、野生化もみられます。この属の中では最も耐寒性の強い種のひとつです。

球根

☑ 有毒部位・成分

全草に、アルカロイドのリコリン (lycorine) を含みます。

☑ 人への健康被害

葉がニラに、鱗茎がノビルに似ることから、誤って口にすることによる食中毒が起き、吐き気、嘔吐、けいれんなどの症状が発生します。

☑ 症　例

2006年6月、さいたま市の小学校の授業中、ノビルと間違えて2日前に校庭で採取されたタマスダレを食べた児童18人の内、15人が吐き気を訴えましたが、全員、その日のうちに回復したという報告があります(厚生労働省)。

☑ リスク低減

ニラやノビルは特有のにおいがありますが、タマスダレにはないので区別できます。

ペットへの健康被害も報告されています (O'Kane, 2009)。

スイセンの仲間

学　名	*Narcissus*
英　名	daffodil（ラッパズイセンの仲間），narcissus

原産地　スペイン、ポルトガル、地中海沿岸、北アフリカに約 30 種が分布します。

開花期　晩冬〜早春

特　徴　地下に球根（鱗茎）を持つ球

ニホンズイセン

根植物。葉は帯状または線形。花は単生または散形状に数花をつけます。花にはカップ状やラッパ状の副花冠があります。

栽培される主な種類

◆ペチコートスイセン（*N. bulbocodium*）　英：hoop petticoat daffodil
スペイン、ポルトガル、アルジェリア、モロッコ、フランス南西部原産。花は黄〜から白色。副花冠はペチコート状に広がります。

◆ナルキッサス・キクラミネウス（*N. cyclamineus*）　英：cyclamen-flowered daffodil
ポルトガル、スペイン北西部原産。花はシクラメンのようにうつむいて咲きます。栽培品種の‘テータテート’は本種の特徴を持ちます。

◆キズイセン（*N. jonquilla*）　英：Jonquil, Rush daffodil
スペイン、ポルトガル、アルジェリア原産。葉はイグサ状で、断面が丸く、縦に溝が入ります。副花冠は短いカップ状。花の香りが強いため、カオリズイセンとも呼ばれています。

◆ナルキッサス・パピラケウス（*N. papyraceus*）　英：paperwhite daffodil
地中海沿岸、南ヨーロッパ原産。花は散形状につきます。フサザキスイセンに近縁です。

◆クチベニズイセン（*N. poeticus*）　英：poet's daffodil
スペイン、フランスからギリシア原産。花には芳香があります。副花冠は平たい円盤状で、縁は紅色。栽培品種の‘アクタエア’は本種の特徴を持ちます。

◆ラッパズイセン（*N. pseudonarcissus*）

英：Lent lily, trumpet narcissus, wild daffodil

フランス、スペイン、ポルトガル原産。副花冠はラッパ状。栽培品種の'ピンク・チャーム'は本種の特徴を持ちます。

◆フサザキスイセン（*N. tazetta*）

英：bunch-flowered narcissus, polyanthus narcissus

地中海沿岸、シシリー島、コルシカ島などの原産で、古くに中国、日本に渡来しました。ニホンズイセン（*N. tazetta* var. *chinensis*）は、ペルシアからシルクロードを経て、中国経由で海流に乗って日本に来たと考えられ、日本でスイセンといえば、通常はニホンズイセンを示します。越前海岸（福井県）、灘黒岩、立川（兵庫県）などで野生化した群落がみられます。

ペチコートスイセン（ポルトガル自生地にて）

スイセン'テータテート'

キズイセン

ナルキッサス・パピラケウス（ポルトガル自生地にて）

スイセン'アクタエア'

スイセン'ピンクチャーム'

ギリシア神話を題材とするギリシア切手

人との関係

　属名の *Narcissus* は、ナルキッソス（Narkissos）という美少年が水に映った自分に恋をし、長くその場で見続けているうちに疲れ果てて死に、その跡にスイセンが咲いたというギリシア神話に由来しています。クチベニズイセンの種小名 *poeticus* は、「詩人の」という意味で、ギリシアの詩人がクチベニズイセンを謳ったことに因んでいます。英語の narcotic は「麻酔薬、麻酔剤、睡眠薬」を意味し、スイセンの誤食による昏睡に由来すると思われます。観賞用の球根植物として花壇・プランターなどに植栽されます。切り花としても利用され、生け花でいうスイセンは、ニホンズイセンを指します。かつては、去痰薬、アメーバを病原体とする赤痢治療薬、解熱剤、吐剤などに利用されていました。

☑ 有毒部位・成分

　全草、特に鱗茎にアルカロイドのリコリン（lycorine）、ガランタミン（galanthamin）、タゼチン（tazettine）などを含みます。リコリンは熱に安定なため、熱調理による低毒化はできません。ガランタミン臭化水素酸塩は、近年、アルツハイマー型認知症治療薬として使用されています。また、接触皮膚炎を引き起こす不溶性のシュウ酸カルシウム（calcium oxalate）を含みます。

☑ 人への健康被害

　食中毒と接触皮膚炎を起こします。誤って口にすることによる嘔吐、下痢、発汗、頭痛、昏睡などが認められます。リコリンの人に対する致死量は10gとされ、アルカロイドの中では比較的毒性は低いとされます。摂食後、30分以内に発症します。また、スイセンを多量に扱う生産者などでは、切り口の汁液による接触皮膚炎を起こすこともあります。2003〜2012年（平成15〜24）の10年間の食中毒発生状況では、最も事件数の多いもののひとつです（厚生労働省）。

☑ 症　例

　葉がニラ、アサツキ、ノビルに、球根（鱗茎）がタマネギやノビルに似ていることから、誤って口にすることによる食中毒が報告されています。

スイセンの葉

＜葉を誤食した症例＞

　2019年12月、50代と80代の男性2人がスイセンの仲間と思われる植物を食べ、食中毒になったとの報告があります。父が3日に河川敷に自生していた植物をニラと思って採取し、自宅で寄せ鍋の具材として2人で食べ、嘔吐や下痢の症状が出たため、救急搬送されました（毎日新聞）。

スイセンの球根

　2009年4月、兵庫県豊岡市の施設において、施設職員が自宅の畑で栽培していたスイセンの葉をニラと勘違いして施設に持ち込み、卵と一緒に調理し施設利用者らに提供し、12人が食べ、8人が間もなく発症したとの報告があります（厚生労働省）。

＜球根を誤食した症例＞

　2008年12月、茨城県潮来市の小学校で、調理実習でみそ汁に、校庭の菜園で栽培していたスイセンの球根をタマネギと間違えて入れ、食べた児童5人が吐き気や嘔吐の症状を訴えたとの報告があります（厚生労働省）。

　2008年4月、青森県盛岡の老人福祉施設の利用者と職員計5人が、散策中にノビルと間違えて採取したスイセンを誤って、みそ汁に入れて食べ、嘔吐や下痢などの食中毒症状を訴えたとの報告があります（厚生労働省）。

☑ リスク低減

　スイセンは、ニラやタマネギのようなネギ臭はしないので、においで判断できます。また、スイセンの葉は、一般にニラの葉より厚みがあります。

スズランの仲間

学　名	*Convallaria*

英　名	lily of the valley

原産地	1種が北半球温帯に分布します。

開花期	晩秋〜初夏

特　徴	地下に這う球根（根茎）を持

つ球根植物。長楕円形の葉が2〜3枚あり、基部は膜状の鞘状葉で包まれています。晩春に鞘状葉の腋から30cmほどの花茎を出し、特徴的な鐘状の小さな白色花を5〜10個ほどつけます。果実は赤色の液果。

ドイツスズラン

栽培される主な種類

◆ドイツスズラン（*C. majalis* var. *majalis*）

英：lily of the valley

ヨーロッパ原産。スズランに比べて花が大きく、香りが強い特徴があります。また、スズランの葯は鮮やかな黄色であるのに対し、ドイツスズランは淡緑色です。

◆スズラン（*C. majalis* var. *keiskei*／異：*C. keiskei*）

別：キミカゲソウ

ドイツスズランと別種とする意見もあります。日本（特に北海道、東北）、朝鮮半島、中国、シベリア原産。

人との関係

フランスには、5月1日に幸せを願って愛する人にドイツスズランを贈る風習が

スズラン

スズランの果実

あります。結婚式の花としても知られ、例えばイギリスのウィリアム王子とキャサリン妃の結婚式でもブーケとして利用されています。日本でも、ドイツスズランが鉢植えや切り花で流通しています。

☑ 有毒部位・成分

全草、特に花と根、根茎に強心配糖体のコンバラトキシン（convallatoxin）、コンバラマリン（convallamarin）、コンバロシド（convalloside）などを含みます。コンバラトキシンのマウス、ラットによるLD$_{50}$（半数致死量）は、腹腔内投与10.0mg／kg、静脈注射16.0mg／kgです。

☑ 人への健康被害

誤って口にすることにより、胃腸の刺激、吐き気や嘔吐を引き起こす可能性があります。多量に摂食すると、心拍数および血圧が低下します。コンバラトキシンは水溶性、脂溶性のため、水に浸けた切り花の水や、油で炒めた調理品にも有毒成分が検出されます。浸した液のコンバラトキシンによる強心作用はジギタリス（p.80）の10〜15倍の強さがあり、多量に摂取すると呼吸停止，心不全状態に陥り死に至るとされます（佐藤・姉帯, 2012）。また、接触皮膚炎を起こすことがあります。

☑ 症　例

熱病で入院中の子どもが夜中に喉が渇き、水がほしくなったため、枕元のスズランを生けていたコップの水を飲み、翌朝、死亡していたとの記述があります（朝日新聞社編, 2000）。

アメリカのモンタナ州では、子どもが赤い果実を美味しそうなベリーと間違えて食べることによる死亡例が多いとの記述もあります（植松, 1997）。

☑ リスク低減

若芽が山菜として人気のあるギョウジャニンニク（p.266）と似ていることから、誤食による事故例があります。スズランの仲間の葉基部は鞘状葉で包まれますが、ギョウジャニンニクにはなく、またギョウジャニンニクの葉にはニンニクのようなにおいがあるので区別できます。

トリカブトの仲間

学　名	*Aconitum*
英　名	aconite, monkshood
原産地	北半球の温帯～寒帯に

約100種が分布し、日本には約30種が自生しています。

開花期　初夏～夏

特　徴　多年草、まれに一年草。葉は掌状あるいは鳥足状に浅～深裂または全裂し、縁は欠刻状または鋸歯状になります。花は色づいた花弁状に大きくなった萼片が目立っています。一番上

ハナトリカブト

に位置する頂萼片は特徴ある兜状で、これが舞楽に用いる「鳥兜」に似ることからトリカブトの名があります。英名の monkshood は「僧侶のフード」を意味しています。

栽培される主な種類

◆ハナトリカブト（*A. carmichaelii*）

中国中部・西部原産。高さ1mほどになる多年草。葉は無毛で、三つに完全に裂け、表面に光沢があります。花は濃い青紫色。花が比較的大きく、切り花としてよく栽培されています。学名に *A. chinense* を当てるのは誤りです。

◆ヨウシュトリカブト（*A. napellus*）　別：セイヨウトリカブト

英：helmet flower, garden monkshood, garden wolfsbane

ヨーロッパ西部・中部原産。高さ1mほどになる多年草。葉は掌状に深く5～7裂し、光沢があります。花は菫色。切り花として利用されます。

人との関係

　ハナトリカブトの地下にある塊茎（母根）から調整した生薬は黒くて先が尖り、カラスの頭に似ることから「烏頭」、子株（子根）から調整した生薬を「附子」と呼び、漢方では最も重要な生薬です。強壮、興奮、強心、利尿の目的で用いますが、毒性が強く、素人が使用するのは極めて危険です。365種

の薬を記載する中国最古の薬物書『神農本草経』においても、附子は下薬（毒が強いため長期服用は避ける）に分類されています。

ヨウシュトリカブト

　1986年5月、「トリカブト保険金殺人事件」として知られる保険金目当て殺人事件が、1989年8月、「くずもち殺人事件」として知られる殺人事件が起こっています。

☑ 有毒部位・成分

　全草、特に地下部の塊茎にアルカロイドのアコニチン（aconitine）、メサコニチン（mesaconitine）、ヒパコニチン（hypaconitine）などが含まれます。アコニチンのマウスの静脈注射におけるLD$_{50}$（半数致死量）は0.166mg／kgです。アコニチンの経口致死量は2〜6mg／kgとされます（厚生労働省）。

☑ 人への健康被害

　誤って口にすると、30分〜2時間以内に、唇、舌や手足のしびれ、嘔吐、けいれん、不整脈を起こし、意識を失って死亡することがあります。

☑ 症　例

　2019年5月、山形県鶴岡市の女性が知人から山菜とモミジガサとして譲り受けたトリカブトをおひたしにして食べたところ、手足のしびれ、呼吸困難を引き起こしたとの報告があります（山形県）。

　2009年4月、札幌在住の高齢者夫婦がニリンソウ（p.27）と間違っておひたしにして食べ、全身あるいは下半身がしびれる中毒症状を起こしたとの報告があります（厚生労働省）。

☑ リスク低減

　開花すれば間違うことはありませんが、若芽時に、山菜のニリンソウ、モミジガサ、ゲンノショウコなどに間違える事故が多発しているので注意しましょう。ペットへの健康被害も報告されています（O'Kane, 2009）。

ニリンソウ

フクジュソウ

別　名	ガンジツソウ

学　名	*Adonis ramosa*

原産地　北海道から本州、四国に分布する日本の固有種。

開花期	早春～春

特　徴　草丈 15 ～ 30cm になる多年草。ひとつの茎に 1 ～多数の花をつけます。葉は 3 ～ 4 回羽状に裂け、ふつう無毛です。生育初めには茎が伸びず、苞(ほう)に包まれた短い茎の上に花だけがつきますが、やがて茎や葉が伸びて、茎頂に花をつけます。萼片(がくへん)は紫色を帯びています。花弁は多数あり、ふつう黄色ですが、赤みを帯びたものや、白色のものもあります。夏季には地上部は枯死します。明るい陽射しが当たると花が開き、日が落ちると花が閉じます。この開閉運動は光ではなく、熱を感じることによるものです。

　近縁種のキタミフクジュソウ（*A. amurensis*）は葉裏に毛が密生していることに対してほとんど毛がないこと、ミチノクフクジュソウ（*A. multiflora*）は萼片が緑色から黒緑色であるのに対して紫色を帯びることで区別できます。

人との関係

　乾燥した根及び根茎「福寿草根(こんけい)」は浸剤、チンキ剤とし、強心、利尿薬としてジギタリス（p.80）の代用とされます（佐藤・姉帯, 2011）が、素人の使用は危険です。江戸時代の天保年間から嘉永年間（1830 ～ 53）にかけて、フクジュソウの栽培が流行し、約 120 以上の栽培品種が育成されたといわれています。今日では、約 40 品種ほどが知られます。新年の季語で、花の少ない旧暦の正月に開花し、春を告げる花として知られ、ガンジツソウ（元日草）とも呼ばれます。新暦の正月に咲かせるために、花芽をつけた株の促成栽培により、正月用の鉢物や寄せ植えの材料として使われています。

根と根茎

開花前の芽

間違いやすいフキノトウ

☑ **有毒部位・成分**

　全草、特に根茎や根に強心配糖体のシマリン（cymarin）、アドニトキシン（adonitoxin）などを含んでいます。シマリンのラットにおける静脈注射によるLD$_{50}$（半数致死量）は24.8±1.8mg／kgです。

☑ **人への健康被害**

　誤って口にすると、嘔吐、脈の乱れ、呼吸困難などが起こり、ひどい場合は心臓麻痺に至ります。重症の場合は、死亡例もあります。

☑ **症　例**

　心臓病の薬と信じて根茎と根一株を煎じて飲み、死亡したとの報告があります（指田・中山, 2012）。

　2007年3月、テレビ信州の情報番組で山草の天ぷらを紹介したところ、誤ってフクジュソウの芽の天ぷらを女性リポーターが食べたのですが、幸い事故にはつながりませんでした。視聴者から問い合わせが相次ぎ、番組内で訂正しました。

☑ **リスク低減**

　開花間近の芽は、フキ（*Petasites japonicus*）の若い花茎であるフキノトウと間違えやすく、誤って食べる事故例が多くあります。

ユウガオとヒョウタン

学　名	*Lagenaria siceraria*
英　名	calabash gourd, white-flowered gourd
原産地	熱帯アフリカ原産とされ

ます。

開花・果実期	夏・秋
特　徴	つる性の一年草。白

ユウガオ

色の花は葉腋に単生し、雌雄同株で、夏の日没前後に開花し、翌朝にはしおれます。果実の形態は、長楕円形から扁平、西洋ナシ状と多様です。

栽培される主な種類

◆ユウガオ（*L. siceraria*）

別：カンピョウ　英：calabash gourd, white-flowered gourd

日本では幼果の果肉をテープ状にそぎ、天日乾燥させた干瓢として利用されています。また、スイカのつる割れ病回避のための台木として台木専用品種が育成されています。

◆ヒョウタン（*L. siceraria* var. *gourda*）

英：bottle gourd

観賞用や日除け用の「緑のカーテン」としてよく栽培されています。果実は中央部分がくびれた、いわゆる「ひょうたん形」となり、酒や水の容器として熱帯から温帯にかけて広く栽培されます。果実が小型で多数なるセンナリヒョウタンなどがよく知られます。

人との関係

　ユウガオ・ヒョウタンの考古学的遺物としては、紀元前 10,000 〜 6,000 年頃のタイのスピリット洞窟から出土し、人類が最も古くから栽培した植物のひとつと考えられています。日本でも、縄文時代前期（今から約 12,000 〜 5,000 年前）の福井県鳥浜貝塚から出土しています。日本文学では、『源氏物語』の夕顔の巻にも描かれています。

ヒョウタン

容器に加工されたヒョウタン

☑ 有毒部位・成分

　果実に、ウリ科特有のステロイドの一種であるトリテルペンの苦味成分、ククルビタシンE（cucurbitacin E）などのククルビタシン類を含みます。

☑ 人への健康被害

　食用とするユウガオは、ククルビタシン類の少ない食用の品種ですが、スイカ接ぎ木苗の台木として利用されるユウガオやヒョウタンにはククルビタシン類を多く含んでいます。誤って口にすると、数時間後には、唇のしびれ、吐き気、嘔吐、腹痛、下痢を起こします（厚生労働省）。食用のユウガオでも、高濃度のククルビタシン類が含むことがあります。2008年7月には、山形市内で高濃度ククルビタシン類を含むユウガオによる食中毒が報告されています（厚生労働省）。

☑ 症　例

　2002年10月、札幌市内においてスイカ接ぎ木苗の台木のユウガオに結実した果実を3名が食べ、3名とも摂食直後に口のしびれ、後に吐き気、嘔吐、腹痛、下痢を起こしたとの報告があります（厚生労働省）。

　2013年7月、大阪府茨木市の小学校において、同校教諭が理科の授業中に校内で育てたヒョウタン果実を、児童28名に食べさせ、17名が嘔吐、腹痛、下痢などが起きたとの報告があります（厚生労働省）。

☑ リスク低減

　食用でないヒョウタンはもちろん、まれに流通する高ククルビタシン含量のユウガオはゴーヤよりも苦味があるので、苦味の強いものは食べない方がよいでしょう。

トウゴマ

別　名	ヒマ
学　名	*Ricinus communis*
英　名	castor bean, castor-oil plant, palma christi

原産地　アフリカ東部に 1 種が分布し、世界の熱帯〜温帯に広く野生化しています。

開花・果実期　夏・秋

特　徴　熱帯圏では高さ 10m 以上になる低木ですが、温帯圏では一年草として扱われ、高さ 2 〜 3m ほどになります。葉身は掌状に 5 〜 11 裂し、径 90cm ほどになります。花

トウゴマ ‘アパッチ’

はクリーム色で、萼は 3 〜 5 裂し、花弁はありません。果実内に 3 個含まれる種子の表面には美しい斑紋があります。属名 *Ricinus* はラテン語で「ダニ」を意味し、種子の形態に由来しています。

人との関係

　種子には 30 〜 50％の油分を含み、しぼって精製したものがヒマシ油となり、下剤として利用されたり、工業用として石鹸、ポマード、潤滑油、塗料、染料、プラスチック原料に利用されたりします。古代エジプトでは少なくとも 6,000 年前から栽培され、下剤や光源用に利用していました。日本にはペルシア、インド、

中国を経由して平安時代には導入されていたといわれます。また、日本では第二次世界大戦中に、低温でも固まりにくいヒマシ油を航空機の潤滑油に利用し、各地で栽培されていました。

　観賞用としては、花壇のアクセントや切り花として利用され、茎葉が赤みを帯びる ‘みずま’ や ‘アパッチ’ という栽培品種がよく栽培されます。

花

果実

種子

☑ 有毒部位・成分

　ヒマシ油を採るために種子をしぼった圧搾残差（あっさくざんさ）に、糖タンパク質のリシン（ricin）を含んでいます。リシンは極めて強い毒性を持ち、種子を数個食べるだけで死に至るおそれがあるとされます（船山, 2013）。LDL_0（最小致死量）は成人男子で300μg/kgとされます。また、種子にはアルカロイドのリシニン（ricinine）も含み、弱い毒性があり、吐き気、けいれん、血圧低下、肝臓や腎臓に障害を与えますが、重症の場合は昏睡（こんすい）状態から死に至ることもあります。これらの有毒成分は、加熱により分解します。

☑ 人への健康被害

　熟した種子は固い種皮で覆（おお）われ、消化されないため、種子を飲み込んだ場合、重症になるかは咀嚼（そしゃく）の程度で異なります。

☑ 症　例

　飲み込んだ場合、嘔吐（おうと）や腹痛、下痢などを引き起こし、重症の時は血が混じります。血圧低下、幻覚やけいれんも引き起こし、摂取量が多ければ、数日後には肝臓、脾臓、腎臓の機能が低下して死に至ります。

　特徴のある文様の種子をネックレスとして首にかけ、傷口から有毒成分が入り、中毒を起こした事例が報告されています（佐竹, 2012）。

☑ リスク低減

　種子はインゲンマメの栽培品種ウズラマメに似ていますが、豆類の「へそ」といわれるような窪（くぼ）みが、トウゴマ種子ではやや平たくなった面についていることで区別できます。

　ペットへの健康被害も報告されています（O'Kane, 2009）。

ヨウシュヤマゴボウ

| 学　名 | *Phytolacca americana* |

| 英　名 | pokeweed, inkberry |

| 原産地 | カナダからアメリカ合衆

国、メキシコ北東部の原産で、旧世界
や南アメリカに広く帰化しています。

| 開花・果実期 | 夏・秋 |

| 特　徴 | 高さ 1.5m ～ 2m ほどに

なる多年草。根は長くゴボウ状です。
茎は無毛で、秋になると赤くなります。
葉は長さ 30cm ほどで、長楕円形。花
序は長い花柄があって垂れ下がり、白～薄紅色の花をつけます。光沢のある
果実は直径 1cm ほどで、垂れ下がる果序につき、緑から暗紫色に熟します。
日本にも明治時代初めに渡来して、各地の市街地の空き地や道端などで雑草
化しています。

　日本原産のヤマゴボウも有毒で、葉や茎は緑色、花序が直立し、果序も垂
れ下がらないので区別できます。

人との関係

　アメリカ合衆国では、かつて若い葉や茎をよく茹でて「ポーク・サラダ（poke
salad）」として缶詰にして販売されていたことがありました。また、果実をパ
イに入れて焼いたり、染料や安価なワイン、菓子の着色料として利用してい
たことがありました。

花

暗紫色に熟した果実

☑ 有毒部位・成分

　全草、特に根と果実内の種子に、アルカロイドのフィトラッカトキシン（phytolaccatoxin）、サポニンのフィトラッカサポニン（phytolaccasaponins）、アグリコンのフィトラッキゲニン（phytolaccigenin）などを含みます。葉の有毒成分はごく若い葉に限られるようで、よく煮ることで分解されますが、食用とするのは避けるべきです。果汁が皮膚に触れても皮膚炎を起こすことがあります。

☑ 人への健康被害

　誤って口にすると、下痢、腹痛、嘔吐、倦怠感を起こします。アメリカ毒管理センターの2010年年報で示される植物による事故の頻度において、植物が同定されていないケースや果実や葉などだけしか情報がないケースを除くと、第1位がヨウシュヤマゴボウでした。果汁が皮膚につくことで皮膚炎が起きることがあるので、子どもには特に注意が必要です。

☑ 症　例

　「山牛蒡の漬物」と称される漬物がキク科のモリアザミの根であることを知らず、採取したヨウシュヤマゴボウの根を味噌漬け加工して、後日7名で食べ、2時間後に食中毒症状として嘔吐し、診察を受けたという報告があります（厚生労働省）。

☑ リスク低減

　「山牛蒡の漬物」と勘違いして根を食さないようにします。また、子どもが果実を色水などに使って遊ぶことがあり、注意する必要があります。

モリアザミの根を使った山牛蒡の漬物

アジサイの仲間

| 学　名 | *Hydrangea* |

原産地　ヒマラヤから日本、フィリピン、南北アメリカに約 29 種が分布しています。

開花期　夏

特　徴　低木またはつる植物。ガクアジサイに代表されるように、花には両性花のほかに稔性のほとんどない装飾花を持つ種が多いです。装飾花の花弁状の部分は、萼片が変化したものです。

ウズアジサイ

栽培される主な種類

◆ガクアジサイ（*H. macrophylla* f. *normalis*）

関東から中部地方にかけての太平洋岸、伊豆諸島などに自生しています。アジサイの原種と考えられ、花序の中央部に正常な雄しべと雌しべがある両性花が球状に集まり、周辺部に額縁状に装飾花がつきます。

◆アジサイ（*H. macrophylla* f. *macrophylla*）

ガクアジサイの花序全体が装飾花に変化したものです。18 世紀に中国を経由してイギリスに導入され、品種改良が進んで花が大きく、花色も鮮やかになって日本に逆輸入され、西洋アジサイやハイドランジアと呼ばれます。

◆ヤマアジサイ（*H. serrata* var. *serrata*）　　英：tea of heaven

北海道から九州、朝鮮半島南部でも自生し、江戸時代から栽培されています。ヤマアジサイのうち、甘味の成分であるフィロズルチン配糖体の含量が多い系統をアマチャと呼んで、お茶の「甘茶」として利用しています。

人との関係

　江戸時代後期にオランダ商館医として日本に滞在（1823 〜 28）した、ドイツ人のシーボルト（1796 〜 1866）は、アジサイを世界に紹介したことで有名です。彼は滞在時に妻として愛した遊女の榎本滝を "オタクサン（お滝さん）" と呼んでおり、彼女に因む学名 *Hydrangea otaksa* として発表しました。オランダ・ライデン大学の植物園にあるシーボルトの胸像は、アジサイに囲まれています。

ガクアジサイ

アマチャ

ライデン大学（オランダ）内の植物園のシーボルト像とアジサイ

☑ **有毒部位・成分**

　全株、特に葉、根、蕾（つぼみ）に含まれますが、有毒成分は明らかにはされていません。

☑ **人への健康被害**

　誤って口にすると、30〜40分後には、嘔吐（おうと）、めまい、顔面紅潮などを起こします（厚生労働省）。

☑ **症 例**

　2008年6月、茨城県つくば市と大阪市のともに飲食店で、料理に添えられたアジサイの葉を食べ、食中毒を起こした症例が報告されています（厚生労働省）。

　2009年4月、岐阜県岐南市の保育所の花祭りで、甘茶を飲んだ園児119人のうち28人が、30分〜1時間に嘔吐したと報告があります（厚生労働省）。

☑ **リスク低減**

　飲食店では料理にアジサイの葉を添えないようにしましょう。また、濃い甘茶は避けるようにします。

プリムラの仲間

学　名	*Primula*
英　名	primrose

原産地　多くが北半球の中国西部から
チベット、ヒマラヤ、ヨーロッパ、ごく一部が
南半球に、430 種が分布します。

プリムラ・オブコニカ

開花期　春

特　徴　自生種のほとんどは高原、高
山の湿地に生える多年草ですが、日本の夏の暑さには弱いため、園芸的には
一・二年草として扱います。葉はすべて根出葉で、葉間から花茎を伸ばします。

栽培される主な種類

◆プリムラ・マラコイデス（*P. malacoides*）　和：オトメザクラ　別：ケショウザクラ
英：fairy primrose, baby primrose
中国四川省、雲南省の原産。葉の裏面に白粉があります。花は散形花序に 2 〜
6 段つきます。花色は桃、白、淡紫など。

◆プリムラ・オブコニカ（*P. obconica*）　和：トキワザクラ　別：シキザキサクラソウ
英：German primrose, poison primrose
中国西部からヒマラヤの原産。散形に多数の花をつけます。花色は橙赤、桃、
濃青、白、赤に白色覆輪など。

◆プリムラ・ポリアンサ（*P. × polyantha*）　英：polyanthus
17 世紀から知られる交雑種で、多くの栽培品種が知られ、花色も豊富です。
短い花茎に 1 花をつけます。日本では「ポリアンサ」の名で流通しています。

◆プリムラ・シネンシス（*P. praenitens*／異：*P. sinensis*）
中国四川省原産。葉の表面はやや粘質で、径 10cm ほど。散形花序に花を
2 〜 3 段につけます。栽培品種は多くありません。

人との関係

　属名 *Primula* は、ラテン語で「最初の」を意味する primus、イタリア語で「春
一番の花」を意味する prima verola に由来し、本属の花が他に先駆けて開
花することによります。鉢植えや花壇の植栽など観賞用に利用されています。

プリムラ・マラコイデス

プリムラ・ポリアンサ

プリムラ・シネンシス

プリミンをほとんど含まないタッチミー・シリーズ
のプリムラ・オブコニカ

☑ **有毒部位・成分**

　葉、花茎、萼片（がくへん）などの腺毛の先端にある細胞にプリミンというアレルギーを起こしやすい物質が含まれ、これに触れると接触皮膚炎を引き起こします。

☑ **人への健康被害**

　かぶれを引き起こす事例の多くはプリムラ・オブコニカによるものです。プリムラ・マラコイデス、プリムラ・ポリアンサ、プリムラ・シネンシスでも皮膚炎を引き起こすとされ、サクラソウ（*P. sieboldii*）ではまれです。

☑ **症　例**

　アレルギーを起こすと、接触によりかゆみやかぶれ、水ぶくれなどを引き起こします。接触機会の多い生産者や花屋の店員に多くみられます。

☑ **リスク低減**

　手入れの際に、直接肌に触れないようにゴム手袋などを着用するようにします。触れた際は、アルコールで拭き取り、石鹸でよく洗い流します。また、症例の多いプリムラ・オブコニカはプリミンをほとんど含まないタッチミー・シリーズが育成されています。

キョウチクトウ

学　名	*Nerium oleander*
異　名	*N. oleander* var. *indicum*
英　名	oleander, rose bay
原産地	ヨーロッパを含む地中海

沿岸から中国西部に1種が分布します。

開花期	初夏〜夏
特　徴	常緑の低木または小高木

です。葉は硬くて厚く、3〜4枚が輪生します。花は高盆状で先は5裂し、枝先に集散花序につきます。茎葉を傷つけると、ラテックスと呼ばれる乳液が出ます。桃色、赤色、白色花や八重咲きの栽培品種も知られます。花筒上部には切れ込む付属体があり、キョウチクトウはこの付属体が4〜7個に深く切れ込むことに対し、セイヨウキョウチクトウは3〜4裂することで区別できます。このような違いがあることから、従来、キョウチクトウはセイヨウキョウチクトウの変種または別種とされていましたが、近年は、同種として扱われます。

人との関係

　キョウチクトウの名は、中国名の「夾竹桃」を音読みしたもので、葉が竹のように細く、花が桃色であることに由来しています。排気ガスに強く、都市環境によく耐える性質があり、街路樹や公園樹、生垣などの風致木としてよく用いられています。広島市では、原爆投下後、キョウチクトウがいち早く咲いたことから、復興のシンボルとして広島市の花に指定されています。

八重咲き品種のキョウチクトウ

☑ 有毒部位・成分

全株、とくに白色の乳液、種子に、有毒成分である強心配糖体オレアンドリン（oleandrin）などを含みます。成人の経口致死量は葉5〜15枚に相当するとされ（Bandaraら, 2012）、日本でも死亡例が報告されています（仲田, 1996）。日本では、果実が結実することが極めてまれなため、種子の誤食はほとんどありません。池に落ちた葉によって魚が死ぬこともあります。

☑ 人への健康被害

ジギタリス（p.80）食中毒とよく似た症状を示し、誤って口にすると、口内の痛みやしびれや、吐き気、嘔吐や下痢（ときに血が混じる）、めまいなど、ひどい場合はけいれん、意識障害を引き起こします。また、乳液が皮膚につくと、湿疹などの皮膚炎を起こすことがあります。生木を燃やした煙にも有毒成分が含まれます。

☑ 症　例

鳥取県において、40歳代女性がキョウチクトウの乾燥葉を手のひら一杯分服用したところ、吐き気、嘔吐、めまいが現れ、6時間後に病院に救急搬送されました。病院での処置により、入院16時間後にはめまいが改善され、三日後に退院したとの報告があります（門田ら, 2012）。

また、バーベキューの際にマシュマロを焼くのにキョウチクトウの枝を串代わりに使用し、煙の吸引により中毒になったとの報告があります（Lewis, 2007）。

☑ リスク低減

剪定を行う際は、ゴム手袋の着用をし、作業後はよく手を洗うようにしましょう。剪定後の生木を燃やすことは絶対しないようにします。葉が厚いため、防火効果が高く、防火樹として推奨されていることがありますが、適切ではありません。

2009年12月、福岡市で毒性が強いとの理由で市立学校に植栽されたキョウチクトウを伐採する方針が打ち出されましたが、その後撤回されました。著者も伐採のような安易で過剰な対応をするよりは、キョウチクトウと人との適切な関係を築くことの方が大切であると考えます。

ペットへの健康被害も報告されています（O'Kane, 2009）。

ジャガイモ

別　名	バレイショ

学　名　*Solanum tuberosum*

英　名　potato, Irish potato, white potato

原産地　ペルー、ボリビアのアンデス地域と考えられています。

開花・収穫期　春に種イモを植えつける春作の場合、初夏に開花し、夏にイモ（塊茎^{かいけい}）を収穫。

特　徴　地下に塊茎をつくる多年草で、塊茎をイモとして食用などに利用します。塊

ジャガイモから出た芽

茎は、地下の主茎の腋芽^{えきが}から発生した匍匐枝^{ほふくし}の先端が肥大したものです。花は先が5裂して開出し、花色は白、淡紅、紫などです。まれに、直径1〜3cmのミニトマトのような果実ができます。

人との関係

　世界のイモ類のうち、最も広範囲に、かつ大量に栽培されています。ヨーロッパへの伝搬については諸説ありますが、16世紀中頃にはジャガイモの塊茎がスペイン人によって本国に持ち帰られたとされます。当初は観賞用に栽培されていましたが、17世紀になってアイルランドで本格的に栽培されるようになりました。日本への伝来は慶長8年（1603）で、オランダ船によってジャカトラ（現ジャカルタ）港から伝えられたことでジャガイモと呼ばれるようになりました。

花

光が当たり表皮周辺が緑になったジャガイモ

☑ 有毒部位・成分

　特に、芽周辺部および光が当たって緑色になった表皮周辺に、有毒成分であるポテトグリコアルカロイド（PGA）と総称される、α型－ソラニン（α-solanine）とα型－チャコニン（カコニン　α-chaconine）などが含まれます。まだ大きくなっていない小さなジャガイモや、まれに結実する果実も含有量が多いことが知られます。ポテトグリコアルカロイドは、成人の場合、0.2〜0.4gの摂取で中毒するとの報告があります（内藤，1991）。多くの栽培品種が知られますが、'男爵'の方が'メイクイーン'より有毒成分含量が少ないことが知られています。

☑ 人への健康被害

　有毒部位を誤って口にすると、腹痛、嘔吐、下痢、脱力感、めまいなどが起きます。小・中学校で教育の一環として行った栽培や収穫体験および調理を含めた学習で摂食し、集団発生する事例が多くみられます（笠原，2010）。

☑ 症　例

　2006年7月、東京都江戸川区の小学校校内で栽培したジャガイモを収穫4〜5日後に皮つきのまま茹でて食したところ、児童75名と教職員2名が、食後30分後から腹痛、吐き気、喉の痛みを訴えました。茹でたジャガイモおよび畑のジャガイモから有毒成分が高濃度に検出されたとの報告があります（厚生労働省）。2009年7月、奈良市内の小学校でも、校内栽培のジャガイモによる食中毒が報告されています（厚生労働省）。

　土寄せをしてジャガイモに光を当てないようにするなどの栽培技術の知識が、担当教員に不足していたことが原因であると考えられます。

☑ リスク低減

　栽培する際は、ジャガイモに光が当たらないように土寄せを行います。収穫後の保管場所も光を当てないようにするとともに、芽が動かないように高温で明るい場所には置かないようにします。近年の小売り環境は明るい場合が多く、購入時には注意が必要です。調理時には、芽を除きます。

ブルグマンシアの仲間

学　名	*Brugmansia*
英　名	angel's trumpets
原産地	南アメリカ、特にアンデス地

域に5種が分布しています。

| 開花期 | 初夏～秋 |

| 特　徴 | 低木または高木で、ラッ |

パ状または漏斗状（ろうと）の花が垂れ下がって咲
きます。果実は紡錘形（ぼうすい）で、刺（とげ）がありませ
ん。近縁のダツラ属（*Datura* p.78）は、
花が直立して咲き、果実に刺があること
から区別できます。

キダチチョウセンアサガオ

栽培される主な種類

◆コダチチョウセンアサガオ（*B. arborea*）　英：angel's trumpet
エクアドルからチリ北部、ボリビアの高地原産。花は白～クリーム色で、長
さ15～17cm。

◆ブルグマンシア・インシグニス（*B. insignis*）
ボリビア、ブラジル北部、コロンビアなどの原産。花は長さ35～40cmほど
と大きく、花色は淡桃や、白のものがあり、よく栽培されています。

◆アカバナチョウセンアサガオ（*B. sanguinea*）　英：red angel's trumpet
コロンビアからチリ、ボリビアの高地原産。花は漏斗状で、長さ15～
23cm、先端は赤～赤橙色。

◆キダチチョウセンアサガオ（*B. suaveolens*）　英：angel's trumpet
ブラジル島南部原産。花は白色で、長さ24～35cmほどと大きい。夜間、
花から芳香を放ちます。

◆ブルグマンシア・ウェルシコロル（*B. versicolor*）
エクアドル原産。花は長さ50cmで、花色は淡橙から杏色（あんず）に変化します。

キダチチョウセンアサガオの果実

アカバナチョウセンアサガオ

ブルグマンシア・ウェルシコロル

ブルグマンシア・カンディダ

ブルグマンシア・インシグニス ‘ピンク’

ブルグマンシア・インシグニス ‘ホワイト’

◆ブルグマンシア・カンディダ（*B.* × *candida*）

花は 23 〜 33cm ほどで、花色は白からアプリコット、ピンク。花には芳香があります。八重咲きの栽培品種も知られます。

人との関係

アカバナチョウセンアサガオは、コロンビアにおいて、コロンブス到着以前に、太陽崇拝儀式に幻覚性植物として用いられていたということです。現在でも、エクアドルやペルーにおいて、シャーマンたちが幻覚性植物として用いています。また、本属の植物は、アマゾンの諸民族が「maikoa」と称して、麻酔薬にしていました。

本属の植物は、1990 年代より、特徴的なシンボル・ツリーとしてよく栽培されるようになりました。

☑ 有毒部位・成分

全株に、アルカロイドのヒヨスチアミン（hyoscyamine）、スコポラミン（scopolamine）などの幻覚性トロパンアルカロイドを含みます。

☑ 人への健康被害

誤って口にすると、口内が渇き、眼のかすみ、瞳孔散大、嘔吐、けいれん、呼吸困難、幻覚を引き起こします。汁液が目に入ると失明の恐れもあります。まれに、花の芳香を嗅いだ際に、頭痛、吐き気、めまい、および衰弱を引き起こすことがあります（Scott・Thomas, 2000）。

☑ 症 例

2009年9月、岡山県倉敷市において自分でコダチチョウセンアサガオの花を調理し、めまいや手足の弛緩などの神経症状を起こしたとの報告があります（厚生労働省）。

☑ リスク低減

エンジェルス・トランペットの名で親しまれている園芸植物ですが、作業時にはゴム手袋の着用をし、作業後はよく手を洗うようにしましょう。

ペットへの健康被害も報告されています（O'Kane, 2009）。

ダチュラの仲間

学　名	*Datura*
英　名	angel's trumpets

原産地　世界の熱帯、亜熱帯、特に熱帯アメリカに11種が分布します。

開花期　初夏〜秋

特　徴　一年草または多年草で、漏斗状（ろうと）の花を上向きに咲かせます。果実には刺（とげ）があります。

ケチョウセンアサガオ

栽培される主な種類

◆ケチョウセンアサガオ（*D. innoxia*）

英：downy thorn apple

北アメリカ南西部原産。多年草で、茎や葉に軟毛があります。花は白色で、長さ7cmほどです。学名は *D. inoxia* と綴られることがあります。荒れ地などに野生化しています。

◆チョウセンアサガオ（*D. metel*）

別：マンダラゲ　英：horn of plenty

インド、中国南部原産。一年草で、漏斗状（ろうと）の花は長さ15〜20cm。花色は白のほか、紫、黄があり、写真（p.79）のような八重（やえ）咲きも知られます。

◆シロバナヨウシュチョウセンアサガオ（*D. stramonium*）

中央・南アメリカ原産。一年草で、白色の花は長さ10cmほどです。

人との関係

　チョウセンアサガオは、日本へは江戸時代前期の1681〜88年頃に導入され、鎮痛薬、鎮痙薬に利用する薬用植物として栽培されてきました。有吉佐和子の小説『華岡青洲の妻（はなおかせいしゅう）』で有名な江戸時代の外科医・華岡青洲（1760〜1835）は、チョウセンアサガオの葉、花、果実（曼陀羅華（まんだらけ））やヤマトリカブトなどの塊根（かいこん）（草烏頭（そううず））などをもとにつくった全身麻酔薬「通仙散」を用いて、文化元年（1804）に乳がんの摘出手術に成功しています。

ケチョウセンアサガオの果実　　チョウセンアサガオの八重咲き品種　　シロバナヨウシュチョウセンアサガオの果実

☑ **有毒部位・成分**

　全草に、アルカロイドのヒヨスチアミン（hyoscyamine）、スコポラミン（scopolamine）などを含みます。

☑ **人への健康被害**

　誤って口にすると、口内が渇き瞳孔散大、嘔吐、けいれん、呼吸困難、幻覚、心拍数の増加などを引き起こします。汁液が目に入ると瞳孔が開きます。

☑ **症　例**

　2007年3月、福岡県において、家族3名がチョウセンアサガオの果実※をオクラと間違えて、かき揚げにして食べ、意識障害、幻覚などの症状を訴えたとの報告があります（厚生労働省）。

※「果実」ではなく、蕾であると思われます（著者注）。

　2008年1月、兵庫県内において、チョウセンアサガオの根をゴボウと間違えて、2名が「きんぴらごぼう」にして食べ、約30分後にめまいや沈鬱（気分が沈んで、ふさぎこむこと）を生じ、その後、瞳孔拡大、心拍数の増加、幻覚などを起こしたとの報告があります（厚生労働省）。

☑ **リスク低減**

　本属の根をゴボウと、蕾をオクラと、葉をモロヘイヤ、アシタバなどと、種子をゴマと間違えることがありますので、注意します。

ジギタリス

別　名	キツネノテブクロ
学　名	*Digitalis purpurea*
英　名	foxglove, common foxglove, purple foxglove, lady's glove
原産地	地中海沿岸〜ヨーロッパ北部
開花期	初夏〜初秋
特　徴	二年草または多年草。園芸上

ジギタリス

は一・二年草として扱います。高さ120cm
ほど。根出葉は披針形または広卵形で、長
い葉柄があります。茎の上部の葉は無柄ま
たは短い葉柄を有しています。花冠は鐘状で、長さ5〜7.5cm、紫紅色、と
きに桃、白色で、内側に暗紫色の斑点が入ります。栽培品種の'エクセルシア'
は1.5〜1.8mになり、本種とジギタリス・ルテア（*D. lutea*）との交配の後
代より作出されました。

人との関係

　最初に医薬としてジギタリスに注目したのは、18世紀のイギリス人農村医ウ
ィリアム・ウィザーリング（William Withering　1741〜99）とされています。
彼はシュロップシャーという小さな村に住んでいる薬草治療家の水腫に対する

葉縁に細かい鋸歯があるジギタリスの葉

処方に興味を持ち、ジギタリ
スの強心利尿剤としての薬
効を発見したといわれていま
す。葉を乾燥させたものを強
心利尿剤として用いますが、
素人の利用は厳に慎むべき
です。観賞用に一・二年草と
して花壇に植栽されます。

☑ 有毒部位・成分

　全草、特に葉に強心配糖体のジギトキシン（digitoxin）、ギトキシン（gitoxin）などが含まれます。ジギトキシンの急性毒性は、経口投与において、モルモットではLD$_{50}$（半数致死量）は60.0mg/kg、ネコでは0.180mg/kgとされ、ネコへの毒性が強いことがうかがえます。慢性心不全の予防や治療に使用されるジゴキシン（digoxin）は、ケジギタリス（*D. lanata*　p.24）に含まれ、ジギタリスには含まれません。

☑ 人への健康被害

　誤って口にすると、吐き気、嘔吐、下痢、視覚異常、無気力や混乱を起こし、重症になると心臓機能が停止する死亡例があります。接触皮膚炎を起こすこともあります。

☑ 症　例

　2008年4月、富山県砺波地方において、ジギタリスの葉をムラサキ科のコンフリー（*Symphytum* spp.　p.179）の葉と誤認し、葉6枚をミキサーにかけて飲んだところ、8時間後に吐き気と嘔吐を起こしたとの報告があります（厚生労働省）。近年、コンフリーは大量に摂取すると肝障害による健康被害を引き起こすとされるピロリジジンアルカロイド（pyrrolizidine alkaloids）を含むため、食品としての販売は禁止されています。2009年4月には、福島県いわき市において、家庭菜園の近くで栽培していたジギタリスを、食用と間違えて自ら採取、調理して食べてしまったとの報告があります（厚生労働省）。

☑ リスク低減

　家庭菜園などでは、食用植物といっしょに栽培しないことが必要です。花が咲けばジギタリスとコンフリーを誤認することはありませんが、花が咲かないまでのジギタリスのロゼット葉は、一見コンフリーによく似ています。ジギタリスの葉縁には細かいギザギザの鋸歯があるのに対し、コンフリーには鋸歯がありません。また、ジギタリスは極めて苦いので、食味でも判断するようにしましょう。

　ペットへの健康被害も報告されています（O'Kane, 2009）。

カロライナジャスミン

学　名	*Gelsemium sempervirens*
英　名	yellow jessamine, Carolina jasmine
原産地	アメリカ合衆国南部、メキシコ、グアテマラ
開花期	春
特　徴	つる性低木です。漏斗状の花は濃黄

色で、かすかな芳香があり、直径1cmほどです。二重咲きのものも知られます。フェンスなどにからませてよく栽培されています。

人との関係

　根、根茎は「ゲルセミウム根」と呼ばれ、ヨーロッパなどではリウマチなどの鎮痛薬としますが、劇薬のため素人が使用すべきではありません。近縁のゲルセミウム・エレガンス（*G. elegans*）は猛毒植物で、生薬の「冶葛」として知られ、正倉院宝物にも収められています。

☑ 有毒部位・成分

　全株、特に花にインドール型アルカロイドのゲルセミン（gelsemine）、ゲルセミシン（gelsemicine）などを含みます。ゲルセミシンは神経系に作用し、多量に摂取すると、呼吸麻痺を引き起こします（Wykら, 2002）。

☑ 人への健康被害

　誤って口にすると、脈拍増加、呼吸麻痺、けいれん、血圧降下、心機能障害、呼吸筋麻痺などを引き起こします。

☑ 症　例

　2006年5月、群馬県において、栽培していたカロライナジャスミンをジャスミンの仲間だと間違え、花をお茶にして飲んだ2名が食中毒症状を起こしたとの報告があります（厚生労働省）。

☑ リスク低減

　名前からジャスミン（モクセイ科）の仲間と間違えないようにします。ペットへの健康被害も報告されています（O'Kane, 2009）。

第 3 章　主に食中毒を引き起こす園芸植物

ピエール＝ジョゼフ・ルドゥーテ (Pierre-Joseph Redouté) により
描かれたアマリリスの野生種（*Hippeastrum puniceum*）

ソテツ

学　名	*Cycas revoluta*
英　名	Japanese fern palm, sago palm, Japanese sago palm
原産地	九州南部、沖縄〜ジャワ
開花期	夏
特　微	雌雄異株。高さ2〜5mの常緑

樹で、幹は通常は単幹で、古くなると分枝します。幹の先端につく葉は羽状複葉で、長さ50〜120cm。雌株につく種子は、秋から冬になると、クルミ大の光沢のある朱赤色となり、一見すると果実のようです。

種子

人との関係

種子や幹にはデンプンが豊富なため、かつては水で晒してあく抜きによる除毒を行い、飢饉の時の非常食としましたが、除毒がうまくいかず有毒成分により多数の中毒者が出ました。種子は「蘇鉄実」と呼ばれる生薬ですが、専門医の処方が必要です。庭木として関東以南でよく栽培されます。長崎のグラバー園には、当時の薩摩藩主が贈った樹齢300年のソテツをみることができます。

グラバー園（長崎）のソテツ

☑ **有毒部位・成分**

種子に配糖体のサイカシン (cycasin) を含みます。

☑ **人への健康被害**

誤って食べると、嘔吐やめまい、呼吸困難などを引き起こします。

☑ **リスク低減**　興味本位でソテツのデンプンを食さないようにします。ペットへの健康被害も報告されています (O'Kane, 2009)。

イチイ科イチイ属

イチイの仲間

学 名	*Taxus*
英 名	yew
原産地	北半球に9種が分布しています。
開花・結実期	春・秋
特 徴	成長の遅い、常緑の低木または高木。

葉は線形。種子を包む仮種皮（かしゅひ）は、ふつう赤色に熟します。

果実

栽培される主な種類

◆セイヨウイチイ（*T. baccata*）

別：ヨーロッパイチイ　英：English yew, common yew

ヨーロッパ原産。ヨーロッパでは刈込みによりトピアリーに仕立てられています。

◆イチイ（*T. cuspidata*）

別：アララギ、オンコ（北海道、北東北）　英：Japanese yew

北海道～九州原産。変種キャラボク（var. *nana*）の幹（みき）は斜（なな）めに伸び、低木状に生育します。

人との関係

　イチイ（一位）の名は、かつて一位の高官が用いる笏（しゃく）をつくるのに、この材が使われたことに由来するといわれます。属名の *Taxus* はギリシア語で「弓」を意味する toxon に由来しますが、これはセイヨウイチイの材は硬く、弾力性に富むため、ヨーロッパで弓の材料として用いられたことによります。また、生物がつくり出す毒を英語で toxin といいますが、やはりイチイ属に由来し、古くから本属の有毒性が知られていたと思われます。

☑ **有毒部位・成分**
　仮種子以外の全株に、アルカロイドのタキシン（taxine）を含みます。

☑ **人への健康被害**
　誤って食べると嘔吐（おうと）、めまい、けいれんを引き起こします。

☑ **リスク低減**
　赤く熟した仮種皮は食べられますが、黒い種子は有毒なため、誤って飲み込まないように注意します。ペットへの健康被害も報告されています（O'Kane, 2009）。

シキミ

別　名	ハナノキ、コウノキ
学　名	*Illicium anisatum*
英　名	Japanese star anise
原産地	本州（宮城、石川県以南）、

四国、九州、朝鮮半島南部、台湾、中国

開花・結実期	春・秋

果実

特　徴　高さ10mになる常緑の小高木。葉は滑らかな革質で、特有の臭気があります。3〜4月に淡黄色の花が咲きます。9〜10月に、木質の袋果をつけます。

人との関係

　和名は「悪しき実」の意味で、果実の有毒性に由来します。仏事に使用されるため、寺院や墓地に植えられます。特有の臭気があり、獣類が嫌い墓を暴くのを防ぐため、墓前に挿したといいます。

☑ **有毒部位・成分**

　全株、特に種子に神経毒のアニサチン（anisatin）が多く含まれます。植物としては唯一「毒物及び劇物取締法」において劇物に指定されています。

☑ **人への健康被害**

　誤って食べると、嘔吐、下痢、激しいけいれんなどを引き起こします。1990年11月、兵庫県の自然教室においてシキミの種子をシイの果実（ドングリ）と間違え、パンケーキをつくって食べたところ、2時間後に嘔吐、全身けいれんを引き起こし、12人が入院したという報告があります（内藤, 1991）。

☑ **リスク低減**

　同属のトウシキミ（*I. verum*）の果実を乾燥させたものが「八角」で、「スターアニス」とも呼ばれ、無毒で、香辛料としてよく利用されます。シキミの果実をトウシキミの果実と間違えて事故につながった事例がありますので注意します。

クロバナロウバイ

別　名	アメリカロウバイ
学　名	*Calycanthus floridus* var. *glaucus*
英　名	Carolina allspice, eastern sweetshrub
原産地	北アメリカ東部
開花期	初夏
特　徴	高さ1〜3mになる落葉

性の低木。4〜6月に暗紫紅色の花を
上向きにつけます。

人との関係

　庭に植えられるほか、切り花、茶花
としてよく用いられます。日本への渡来
は江戸中期とされます。

☑ 有毒部位・成分

　種子にアルカロイドのカリカンチン（calycanthine）を含みます。カリ
カンチンは、有毒植物として有名なマチン（*Strychnos nux-vomica*）
に含まれる神経毒ストリキニーネ（strychnine）と同様の作用がありま
す。

☑ 人への健康被害

　種子を誤って食べると、激しいけいれんを起こし、弓なりに身体をこ
わばらせて苦しみ、血圧が上昇します。

☑ リスク低減

　風情のある花を咲かせ、茶花などにもよく利用されますが、有毒植物
としてあまり知られていないので注意が必要です。

ロウバイ

学　名	*Chimonanthus praecox*
英　名	wintersweet, Japanese allspice
原産地	中国中部
開花期	冬
特　徴	高さ2〜4mになる落

葉性低木。径2cmほどの花は12〜2月に咲き、強い芳香があります。ロウバイは萼片と花弁の区別がなく、花被片（かひへん）と呼んでいます。花被片は多数あり、ロウ細工のように半透明です。外側の花被片（外花被片：萼片に相当）は黄色で、内側の花被片（内花被片：花弁に相当）は短く暗紫色になります。果実は瘦果（そうか）で、長さ3〜4cmの楕円体（だえん）、肉質の、一見すると果実のような花床（かしょう）に包まれ、偽果（ぎか）となります。偽果は6〜7月頃には木質化して褐色となります。瘦果には濃黒褐色のダイズのような大きさの種子を1〜5個含みます。

ソシンロウバイ 'Concolor' は、花はやや大きく、花被片の先も丸みを帯び、内花被片も黄色で、香りも強い栽培品種です。

トウロウバイ 'Granfiflora' は、花が径3〜3.5cmと大きく、香りはやや弱い栽培品種です。

ロウバイ

ソシンロウバイ

人との関係

　日本には 17 世紀初めの後水尾天皇の時代（1611 ～ 29）に、朝鮮半島経由で渡来したとされます。和名は、花がロウ質であるからとも、蠟月（旧暦 12 月）に咲くからともいわれています。蕾を「蠟梅花」「黄梅花」と呼び、漢方で頭痛、発熱、口渇などに用いられます。

☑ **有毒部位・成分**

　種子にアルカロイドのカリカンチン（calycanthine）、葉にキモナンチン（chimonanthine）を含みます。

☑ **人への健康被害**

　クロバナロウバイと同様に、種子を誤って食べると、激しいけいれんを起こし、弓なりに身体をこわばらせて苦しみ、血圧が上昇します。

☑ **リスク低減**

　偽果は褐色になってミノムシの巣のように枝に留まり、振るとカラカラと音がするので、子どもたちが興味を持つ危険性もあり、注意が必要です。

ソシンロウバイの偽果

エンレイソウの仲間

学　名	*Trillium*
英　名	trillium, wakerobin, tri flower, birthroot, birthwort

原産地　北アメリカ、ヒマラヤ、東アジアに 43 種が分布します。

開花期　春〜初夏

特　徴　多年草で、地下部に根茎（こん）があります。茎は根茎の先端に直立してつき、3 個の大きな葉が頂部に輪生（りん）します。花は 1 個が頂生（ちょうせい）し、ふつう萼片（がくへん）、花弁を 3 個ずつ持ちます。

オオバナノエンレイソウ

栽培される主な種類

◆オオバナノエンレイソウ（*T. camschatcense*／異：*T. kamtschaticum*）

岩手県（南限）、北海道全域〜サハリン、千島列島、カムチャツカ半島、中国東北部、朝鮮半島などの原産。花は白色で上向きに咲き、花弁は長さ 4 〜 6cm と大きいです。

◆トリリウム・エレクツム（*T. erectum*）

英：wake-robin, red trillium, purple trillium, Beth root

カナダ〜アメリカ合衆国北東部原産。花は淡紅〜深紅色。白花個体も知られます。

◆トリリウム・グランディフロルム（*T. grandiflorum*）

英：white trillium, great white trillium, white wake-robin

カナダ〜アメリカ合衆国北東部原産で、五大湖周辺で群落がみられます。長さ 3 〜 8.5cm ほどの大きな花弁を持ちます。花弁は白〜淡紅色で、開花後半になると紅紫色となり、縁（ふち）は波打っています。

◆エンレイソウ（*T. smallii* ／異：*T. apetalon*）

日本列島、サハリン、千島列島の原産。本属中唯一、花弁がなく、花弁のようにみえるのは赤紫色の萼片です。

◆ミヤマエンレイソウ（*T. tschonoskii*）

別：シロバナエンレイソウ

台湾、日本列島、サハリン南部、朝鮮半島などの原産。花弁は白色で、花弁と萼片がほぼ同長であることで、オオバナノエンレイソウと区別できます。

人との関係

　エンレイソウの根茎を乾燥したものを「延齢草根」と呼び、食あたり、腹痛などの胃腸薬として利用されます。アメリカ先住民族は、分娩を誘発するためや、生理不順、生理痛、膣分泌過剰症を治療するために、さまざまな本属植物を使用したとされます。

トリリウム・エレクツム

トリリウム・グランディフロルム

　☑ **有毒部位・成分**
　根茎にサポニン類を含みます。

　☑ **人への健康被害**
　日本では昔から根茎を乾燥したものを胃腸薬として利用していましたが、過剰に摂取すると、嘔吐、下痢などを引き起こします。

　☑ **リスク低減**
　過剰の摂取を避けます。

アヤメの仲間

学　名	*Iris*
英　名	flag

原産地　北半球の温帯を中心に約280
種が分布します。

開花期　初夏

特　徴　多年草で、地下部に根茎または
鱗茎を持ちます。剣状の葉は二つ折りになって
基部で重なり合い、二列に互生してつきます。
花は主に5月頃に咲きます。茎の頂部に、1〜

ハナショウブ '扇の的'

数個の花が、鞘状の苞に包まれてつきます。萼片と花弁の区別はなく、3枚の
外花被片は大きくて外側に反返り、3枚の内花被片は小さく、ふつう直立します。

栽培される主な種類

◆ハナショウブ（*I. ensata*）　英：Japanese iris
日本列島、朝鮮半島、中国東北部、シベリア東部原産のノハナショウブ（*I. ensata* var. *spontanea*）を改良したもので、江戸時代に盛んに栽培されるよ
うになりました。

◆ジャーマンアイリス（*I. × germanica*）　英：German iris
ジャーマンアイリスと呼ばれるものは、ヨーロッパ原産のアイリス・パリダ（*I. pallida*）やアイリス・バリエガタ（*I. variegata*）など数種の野生種の交雑に
より作成された栽培品種群です。外花被片の基部中央にひげ状の突起が密
生しており、ヒゲアイリス（bearded iris）とも呼ばれています。

◆ダッチアイリス（*I. × hollandica*）
スペインなど地中海西部原産のスパニッシュアイリス（*I. xiphium*）を中心に数種
の交雑によりオランダで育成された栽培品種群です。切り花として多用されます。

◆カキツバタ（*I. laevigata*）
シベリア、中国東北部、朝鮮半島、日本の京都以北の原産。湿地や沼地に自生
します。葉が幅広く、中肋が隆起せず、外花被片の基部に白色の筋が入ります。

◆キショウブ（*I. pseudacorus*）　英：yellow flag, yellow iris, water flag
ヨーロッパ全土、北アフリカ、中近東の原産で、アメリカや日本の湿地に野
生化しています。

◆アヤメ（*I. sanguinea*）
日本、朝鮮半島、中国東北部、シベリアの原産で、やや乾燥した草原に自
生します。

人との関係

　ニオイイリス（*I. florentina*）などの根茎はイリス根と呼び、粉末にして歯
磨き粉などの香料や健胃剤とします。イチハツ（*I. tectorum*）の根茎は「鳶
尾根」と呼び、催吐薬または下剤とします。

ジャーマンアイリス

ダッチアイリス

カキツバタ

キショウブ

アヤメ

☑ **有毒部位・成分**
　全草、特に根茎にアルカロイドのイリゲニン（irigenin）、イリジン
（iridin）、テクトリジン（tectoridin）などを含みます。

☑ **人への健康被害**
　誤って口にすると、唇がヒリヒリし、嘔吐や下痢を、汁液が皮膚につ
くと皮膚炎を起こします。

☑ **リスク低減**
　端午の節句に風呂に入れてショウブ湯として用いるのはサトイモ科のショ
ウブ（*Acorus calamus*）で、ハナショウブの葉ではないので注意します。

アロエの仲間

| 学　名 | *Aloe* |

原産地　南アフリカの乾燥地帯を中心に、熱帯アフリカ、マダガスカル、アラビア半島、カナリア諸島に 450 種ほどが分布します。

開花期　冬～夏

特　徴　多肉性の草本、低木または高木。葉が多肉質で、先は鋭く尖り、縁にはふつう鋸歯（きょし）または刺（とげ）があります。多肉植物として扱われています。葉の外皮には苦味がありますが、葉内のゼリーには苦味はありません。

キダチアロエ

栽培される主な種類

◆キダチアロエ（*A. arborescens*）

別：キダチロカイ　英：candelabra aloe

南アフリカ原産。一般にアロエと呼ばれているのは本種のことです。高さ 1 ～ 2m になる低木で、株元から多数分枝します。多肉質の葉は長さ 45 ～ 60cm ほどです。花は冬に咲き、円筒状で、長さ 4cm ほど。鮮紅色で、総状花序（そうじょうかじょ）に垂れ下がってつきます。日本の暖地では戸外で越冬できます。

◆アロエ・ベラ（*A. vera* ／異：*A. barbadensis*）

別：キュラソー・アロエ　英：true aloe, Barbados aloe, burn aloe

アラビア半島南部から北アフリカ、カナリア諸島周辺の原産と考えられています。西インド諸島のキュラソー島、バルバドス島で盛んに栽培されています。無茎または短い茎を持ち、高さ 60 ～ 100cm ほどになります。葉は多肉質で、長さ 30 ～ 60cm ほど、緑色から灰緑色で、ときに表や裏に白い斑点（はんてん）が入ります。

人との関係

　キダチアロエは「医者いらず」の名で呼ばれ、民間薬として火傷（やけど）、切り傷、虫刺されに汁液を塗布し、健胃整腸などに生食します。

　アロエ・ベラの葉に含まれる透明のゼリーは、傷や火傷の治療に用いられます。

　近年、ゼリーはヨーグルトや飲料、デザートなどにも使用されています。葉に含まれる苦い黄色の汁液は、排便を促すのに利用されます。

　日本薬局方で示される医薬品としてのアロエは、アロエ・フェロックス（*A. ferox*）、アロエ・アフリカナ（*A. africana*）およびアロエ・スピカタ（*A. spicata*）との雑種の葉の汁液を乾燥したもので、「ロカイ（蘆薈）」といい、下剤、健胃強壮剤に用います。

アロエ・ベラの葉の断面

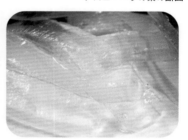

アロエ・ベラ　　　　　　　　アロエ・ベラのゼリー

☑ **有毒部位・成分**
　全草に、下剤成分であるバルバロイン（barbaloin）が含まれます。

☑ **人への健康被害**
　アロエ入りの健康食品を食べたことにより、下痢が止まらなくなったり、お腹の調子が悪くなったりする事例が多くあります。また、葉の外皮の苦い部分を食べると下痢を引き起こします。

☑ **リスク低減**
　食べ過ぎに注意します。

クンシラン

別　名	ウケザキクンシラン（真の和名）

学　名	*Clivia miniata*

英　名	Natal lily, bush lily

原産地	南アフリカのケープ州、トランスバール州、ナタール州の原産

開花期	春

クンシラン

特　徴	本当の和名はウケザキクンシランですが、現在、本種はクンシランの名で知られています。常緑の草本。長さ 40 〜 60cm ほどの剣状の葉は 2 列に互生し、基部が筒状になって重なり合い、基部は鱗茎状になります。春に、

株の中心から花茎を伸ばし、多数の花を総状花序につけます。花茎は高さ 40 〜 50cm で、橙、緋赤色の花を上向きに 15 〜 50 個つけます。変種キトリナ（var. *citrina*）は、花が黄色です。

人との関係

鉢物や切り花に利用されています。

☑ **有毒部位・成分**

　全草に、リコリン（lycorine）などのアルカロイドを含みます。

☑ **人への健康被害**

　誤って口にしても、少量の場合はほとんど問題がありません。多量に摂取すると、吐き気、嘔吐、腹部のけいれん、下痢、脱水などを引き起こします。

☑ **リスク低減**

　室内などでも一般的に栽培されていますが、有毒植物としてほとんど知られていないので、注意が必要です。

ハマユウ

別　名	ハマオモト
学　名	*Crinum asiaticum* var. *japonicum*
英　名	poison bulb, giant crinum lily, grand crinum lily, grand crinum lily, spider lily （※基本種*Crinum asiaticum*の英名）
原産地	日本の房総・三浦半島以西の暖地の海岸
開花期	夏
特　徴	地下に鱗茎を持つ常緑の多年草。葉は長さ50 〜 80cm、幅5 〜 10cmで、基部が重なり合って螺旋状に十数枚がつき、茎のようにみえるため、偽茎と呼んでいます。高さ80cmほどの花茎に10 〜 20個の花を散形花序につけます。花は白色で、夜間に開花し、強い芳香があります。

人との関係

　ハマユウ（浜木綿）の名は、白く細い花被片の垂れ下がる様が、コウゾの樹皮から採った白い繊維の木綿に似ていることに由来しています。

☑ 有毒部位・成分
　全草、特に鱗茎にリコリン（lycorine）などのアルカロイドを含みます。

☑ 人への健康被害
　誤って口にしても、少量の場合はほとんど問題がありません。多量に摂取すると、吐き気、嘔吐、腹部のけいれん、下痢、脱水などを引き起こします。

☑ リスク低減
　本属のインドハマユウ（*C. latifolium*）、クルナム・バルビスペルマム（*C. bulbispermum*）なども有毒植物とされます。

アマリリスの仲間

| 学　名 | *Hippeastrum* |

学　名　*Hippeastrum*

英　名　amaryllis, Barbados lily

原産地　ブラジル、ペルーを中心に、メキシコからアルゼンチン、ボリビアに55種が分布します。

開花期　春、まれに秋

特　徴　地下に鱗茎（りんけい）を持つ多年生の球根植物です。葉は線形または帯状で、長さ50cmほどです。高さ50〜70cmほどの花茎に、直径10cm以上の大きな花を数個つけます。

アマリリス 'パメラ'

栽培される主な種類

◆アマリリス（*H.* cvs.）　英：amaryllis

アマリリスという呼称は、ヒッペアストルム属（*Hippeastrum*）の数種の野生種の交雑により作成された栽培品種群の総称です。花色は赤、ピンク、白、複色などさまざまあり、巨大なものは花径が20cm以上になります。

◆ヒッペアストルム・プニケウム（*H. puniceum*）

メキシコ〜チリ、ボリビア、ブラジル〜西インド諸島原産。ハワイでは野生化しています。花径は10cmほどで、明赤色。（p.83 中扉図版参照）

◆ヒッペアストルム・レティクラツム（*H. reticulatum*）

ブラジル南部原産。花は径10cmほどで、淡桃色と白色の縦縞（たてじま）が入ります。'ストリアティフォリウム'の葉は、濃緑色の地に主脈に沿って白色になります。本属に珍しく秋にも開花します。

◆ヒッペアストルム・ビッタツム（*H. vittatum*）

ペルーのアンデス山地原産。花は径12〜15cmほどで、赤色に白色の縦縞がたくさん入ります。

人との関係

　日本には江戸時代にヒッペアストルム・プニケウムが導入されキンサンジコの名で、また、ヒッペアストルム・レジネ（*H. reginae*）が導入されジャガタ

ラズイセンの名で栽培されていました。一般には春植え球根として扱われ、
耐寒性が弱いため、鉢植えで管理することが多いですが、近年は耐寒性が
強く花壇で周年栽培できる栽培品種群が育成されています。

アマリリス‘ニバリス’

ヒッペアストルム・プニケウム

ヒッペアストルム・ビッタツム

ヒッペアストルム・レティクラツム
‘ストリアティフォリウム’

☑ 有毒部位・成分

鱗茎にリコリン（lycorine）などのアルカロイドを含みます。

☑ 人への健康被害

誤って口にしても、少量の場合はほとんど問題がありません。多量に摂取
すると、吐き気、嘔吐、腹部のけいれん、下痢、脱水などを引き起こします。

☑ リスク低減

鱗茎がタマネギに似ていますが、アマリリス鱗茎の外皮は厚く、先には
葉の断片があります。またタマネギには特
有の臭気がありますので、区別できます。

子イヌが鱗茎を食べたことによる健康被
害も報告されています（Knight, 2006）。

アマリリスの鱗茎

スノードロップ

和　名	マツユキソウ
学　名	*Galanthus nivalis*
英　名	snowdrop, common snowdrop
原産地	ヨーロッパ
開花期	冬

特　徴　地下に鱗茎を持つ、草丈 7 〜 15cm ほどの小型の球根植物。白色の花は長さ 1.5 〜 2cm ほどで、内花被片には緑色斑が入ります。いくつかの栽培品種が知られ、大輪で草丈が 25cm ほどになる'アトキンシー'などが知られます。

人との関係

　英名の snowdrop は「雪の雫」の意で、花の形に由来しています。一説には、「drop」は 16 〜 17 世紀頃に流行した耳飾りのことで、うなだれて咲く花の形態に由来するともいわれます。

☑ **有毒部位・成分**
　鱗茎にリコリン（lycorine）などのアルカロイドを含みます。

☑ **人への健康被害**
　誤って口にしても、少量の場合はほとんど問題がありません。多量に摂取すると、吐き気、嘔吐、腹部のけいれん、下痢、脱水などを引き起こします。

☑ **リスク低減**
　見た目が愛らしく、有毒植物としてあまり知られていないので、注意が必要です。

スノーフレーク

学　名	*Leucojum aestivum*
英　名	giant snowflake, summer snowflake
原産地	ヨーロッパ中南部
開花期	春〜初夏

特　徴	地下に鱗茎を持つ、草丈 35 〜 50cm

ほどの小型の球根植物。葉は幅 1.5cm、長さ 30 〜
40cm。花茎は 25 〜 70cm と長く、スズラン（p.54）
に似た花を 1 花茎に 1 〜 4 個つけます。白色の花
は径 1.5cm ほどで、先端部に緑色斑点が入ります。

人との関係

　属名 *Leucojum* は、ギリシャ語 leukos（白い）と ion（スミレ属の花）の 2
語からなり、白色のスミレ属のような香りを持つ花を咲かせることに由来します。
本属の花には香りなく、この属名はストック（*Matthiola incana*）などの香り
のある白色花を咲かせる植物に与えられ、その後、本属の属名となったと考え
られています。

☑ 有毒部位・成分
　葉および鱗茎にアルカロイドのリコニン（lycorine）およびガランタミ
ン（galanthamine）が含まれます。ガランタミンはアルツハイマー型認
知症の進行を遅らせる効果があります。

☑ 人への健康被害
　多量に摂取すると、吐き気、嘔吐、下痢などを引き起こします。

☑ リスク低減
　花壇などに植えられるほか、切り花にも利用されるなど身近な植物な
ので注意が必要です。

ヒガンバナの仲間

学　名	*Lycoris*
原産地	中国、日本からミャンマー

に約 30 種が分布します。

開花期	夏〜秋

特　徴　　地下に鱗茎（りんけい）を持つ球根植
物。葉が生じていない夏から秋に花茎（かけい）
を伸ばし、その先に数個の花をつけます。
葉が生じる時期は開花と同時期または
直後のタイプと、翌春タイプとがあります。いずれも
葉は初夏には枯れます。

ヒガンバナ

本属のキツネノカミソリ（*L. sanguinea*）とナツズ
イセン（*L. squamigera*）は別項（キツネノカミソリ
p.104、ナツズイセン p.105）で解説します。

ヒガンバナ（拡大）

栽培される主な種類

◆ヒガンバナ（*L. radiata*）

別：マンジュシャゲ　英：red spider lily, surprise lily

日本全土にみられますが、自生ではなく、中国から帰化したものと考えられてい
ます。日本には 3 倍体の不稔（ふねん）種しか自生していませんが、中国には 2 倍体で
結実するものがあります。人里に生育し、田畑の周辺や堤防、墓地などによく
みられます。9 月中旬に長さ 40cm ほどの花茎を伸ばし、先に緋赤色の花を数
個つけます。花被片（かひへん）は細く、縁（ふち）が波打っています。和名は秋の彼岸頃に開花
することに由来しています。

◆ショウキズイセン（*L. aurea*）

別：ショウキラン

日本南部〜中国、ミャンマー原産。10 月上〜中旬に長さ 30 〜 60cm ほどの花
茎を伸ばし、先に鮮黄色または橙黄色の花を 5 〜 10 個つけます。花被片の
縁は波打っています。

人との関係

　ヒガンバナの鱗茎は「石蒜」という名の生薬で、催吐薬、去痰薬としますが、有毒であるため素人療法は危険です。また、鱗茎には多量のデンプンが含まれているため、飢饉の時の救荒植物として、臼で挽き、水で晒して有毒成分を洗い流して、デンプンを利用していました。晒すのが不十分で食中毒を起こしたこともあったようです。ヒガンバナは地方ごとに呼び名が異なり、400以上の別名（地方名）があることが知られており、中国原産でありながら、古くから日本人との関係が密接であったことがうかがえます。

ショウキズイセン

☑ 有毒部位・成分

　全草、特に鱗茎に、アルカロイドのリコリン（lycorine）やガランタミン（galanthamine）などを含みます。

☑ 人への健康被害

　誤って口にしても、少量の場合はほとんど問題がありません。多量に摂取すると、吐き気、嘔吐、腹部のけいれん、下痢、脱水など、ひどい場合は中枢神経麻痺を引き起こします。

☑ リスク低減

　花後に生じる葉は、山菜として利用されるノビルに似ていますが、ネギ臭はないので区別できます。

キツネノカミソリ

学　名	*Lycoris sanguinea*
英　名	orange spider lily
原産地	日本の東北地方以南

の林床

| 開花期 | 夏 |

特　徴　地下に黒褐色の外皮に包まれたラッキョのような鱗茎（りんけい）を持つ球根植物。葉は春に生じ、開花前には枯れます。7月中〜下旬に長さ30〜50cmほどの花茎（かけい）を伸ばし、先に橙赤色の花を4〜6個をつけます。花被片（かひへん）は長さ5〜8cmほどです。

人との関係

　宮崎県北西部の椎葉（しいば）地方では、キツネノカミソリの鱗茎もヒガンバナ（p.102）と同様に、飢饉（ききん）の時の食用にしたといいます。

☑ **有毒部位・成分**
全草、特に鱗茎にアルカロイドのリコリン（lycorine）を含みます。

☑ **人への健康被害**
誤って口にすると、吐き気、嘔吐（おうと）、下痢などを引き起こします。

☑ **リスク低減**
葉は花が咲いていない時に生じ、ニラに似ていることから誤って食べる危険性がありますが、ニラ特有の臭気がないので区別できます。

ナツズイセン

学　名	*Lycoris squamigera*
英　名	naked ladies, surprise lily, resurrection lily
原産地	山陰、北陸地方以西

の人里

開花期	夏
特　徴	地下に鱗茎を持つ球根

植物。葉はスイセンに似ており、長さ
30cm、幅2cmほどで、開花後の秋
から翌春にかけて生じます。8月上旬
に長さ50〜70cmの花茎を伸ばし、
先に6〜8個の漏斗状の花をつけま
す。ピンク色の花被片は長さ10cmほどです。

人との関係

　花茎が伸びる頃には葉は枯れており、葉がないことからハダカユリ（裸百合）
とも呼ばれます。英名の naked ladies も同様の連想によるものです。

☑ **有毒部位・成分**
　全草、特に鱗茎にアルカロイドのリコリン (lycorine) を含みます。

☑ **人への健康被害**
　誤って口にすると、吐き気、嘔吐、下痢などを引き起こします。

☑ **リスク低減**
　葉は花が咲いていない時に生じ、ニラに似ていることから誤って食べ
る危険性がありますが、ニラ特有の臭気がないので区別できます。

ヒメノカリスの仲間

学　名	*Hymenocallis*
英　名	spider lily

原産地　アメリカ合衆国南東部（特にフロリダ州）～南アメリカ北東部に約 50 種が分布します。

開花期　夏

特　徴　地下に鱗茎を持つ常緑の多年草。

ヒメノカリス・カリバエア

葉は長楕円形で、基部は筒状になります。花茎の先の散形花序に数花をつけます。花は多くは白色です。英名は細長い花被片から連想されたものです。

ヒメノカリス・スペキオサ

栽培される主な種類

◆ヒメノカリス・カリバエア（*H. caribaea*）

西インド諸島原産。葉は長さ 60cm、幅 7.5cm ほどです。花茎は 60cm ほどで、2 ～ 5 花をつけます。花被片は白色、長さ 10cm ほどで、雄しべの基部が合着して膜状の副花冠となります。

◆ヒメノカリス・スペキオサ（*H. speciosa*）

西インド諸島。前種とよく似ていますが、葉幅は 15cm と幅広いことで区別できます。花には芳香があります。

人との関係　耐寒性が弱く、温室内でよく栽培されます。

☑ **有毒部位・成分**

鱗茎にリコリン（lycorine）やタゼチン（tazettine）などのアルカロイドを含みます。

☑ **人への健康被害**

誤って食べると、吐き気、嘔吐、下痢を引き起こします。

☑ **リスク低減**

有毒植物としてあまり知られていませんので、注意が必要です。

ツリガネズイセンの仲間

ツリガネズイセン

学　名	*Hyacinthoides*
英　名	bluebell
原産地	西ヨーロッパ、北アフリカ

の林床に 3 〜 4 種が分布します。

開花期	春

| 特　徴 |

地下に鱗茎（りんけい）を持つ球根植物。花茎（かけい）を春に伸ばし、鐘状の花はその先に総状花序（そうじょうかじょ）につきます。花色はふつう青で、白、ピンクなどもあります。

栽培される主な種類

◆ツリガネズイセン（*H. hispanica* ／異：*Endymion campanulatus, Endymion hispanicus, Scilla campanulata, Scilla hispanica*）　英：Spanish bluebell

南西ヨーロッパ、北アフリカ原産。葉は長さ 45cm、幅 2.5cm ほど。直立した長さ 20 〜 50cm の花茎に鐘状花を 10 〜 30 個つけます。

◆イングリッシュ・ブルーベル

（*H. non-scripta* ／異：*Endymion non-scriptus, Scilla nutans*）

英：bluebell, wild hyacinth, wood bell

西ヨーロッパ原産。前種によく似ており、曲がった花茎に花がつきます。

人との関係

花壇によく栽培されます。

☑ **有毒部位・成分**

全草に、ジギタリス（p.80）に似たシラレン A（scillaren A）と呼ばれる強心配糖体が含まれます。

☑ **人への健康被害**

誤って大量に食べた場合、口腔（こうくう）の痛み、吐き気、嘔吐（おうと）、腹痛、下痢を引き起こすことがあります。

☑ **リスク低減**

球根をタマネギに間違える可能性がありますので、注意します。

アスパラガスの仲間

学　名	*Asparagus*
英　名	asparagus
原産地	旧世界に約120種が分布します。
開花期	主に夏〜秋
特　徴	地下に根茎（こんけい）を持つ多年草または

草状の低木。真の葉は鱗片（りんぺん）状または刺（とげ）状となって退化し、その腋（わき）から出る小枝が葉のようにみえるので葉状茎（ようじょうけい）と呼ばれます。花は小さく、鐘（しょう）状のものが多く、白色を帯びています。果実は液果（えきか）で、赤色に熟します。

アスパラガス

栽培される主な種類

◆アスパラガス（*A. officinalis*）

和：マツバウド　英：common asparagus, garden asparagus

ヨーロッパ、アジア、北アフリカ原産。食用のアスパラガスで、地中から伸長してくる多肉質の太い若茎を利用します。萌芽後、20〜30日で収穫します。

◆アスパラガス・デンシフロルス（*A. densiflorus*）

英：asparagus fern, plume asparagus, foxtail fern

南アフリカ原産。葉状茎は線形扁平で、長さ2〜3cmほど。栽培品種の'マイアーズ'がよく栽培され、茎が直立し、高さ50〜60cmほどで「メイリー」や「メリー」と呼ばれています。'スプレンゲリー'は茎が1m以上に伸びて垂れ下がります。

◆アスパラガス・セタケウス（*A. setaceus*）

英：common asparagus fern, lace fern, climbing asparagus, ferny asparagus

南および東アフリカ原産。株が成熟すると、茎が伸びてつる状になり、よじ登ります。栽培品種の'ナヌス'は矮性（わいせい）で、よく栽培されます。'ピラミダリス'は茎が立ち気味です。

人との関係

　古代エジプト人の墓碑によると、食用のアスパラガスは紀元前 4,000 年頃から栽培されていたと推定されています。アスパラガスは、日本には明治時代に紹介されました。アスパラガスにはアスパラギン（asparagine）により、強い利尿作用があるとされます。

アスパラガス・デンシフロルス ‘スプレンゲリー’ 　　　　　アスパラガス・セタケウス ‘ナヌス’

☑ 有毒部位・成分

　全株、特に液果、汁液に含まれる、恐らくは配糖体のサポニンによると考えられています。

☑ 人への健康被害

　食用のアスパラガスによるアレルギーが知られます。また、アスパラガス食用部の汁液により接触皮膚炎が生じることがあります。

　液果を多量に食べると、腹痛や嘔吐、下痢を引き起こす可能性があります。体質により、接触皮膚炎を引き起こし、眼やまぶたのかゆみ、結膜炎や腫れを引き起こします。

☑ リスク低減

　観葉植物として室内で栽培する時、赤く熟した液果は一見美味しそうなので、子どもや誤って食べる恐れのある人の手の届く場所では栽培しないようにします。

アスパラガス・デンシフロルス ‘マイアーズ’ の液果

ヒアシンス

学　名	*Hyacinthus orientalis*
英　名	common hyacinth, garden hyacinth, Dutch hyacinth
原産地	ギリシア、シリア、小アジア

など地中海沿岸

開花期	春
特　徴	地下に径 5cm ほどの鱗茎（りんけい）

を持つ球根植物。春先に肉質の葉を出し、その中心から太い花茎（かけい）を伸ばします。香りのよい花を総状花序（そうじょうかじょ）につけます。花色は青紫、ピンク、紅、白、薄黄。

人との関係

　日本には江戸時代の安政年間（1854 〜 60）に紹介されました。花壇や鉢に植えるほか、専用の瓶で水栽培されます。

☑ 有毒部位・成分

　全草、特に鱗茎にアルカロイドのリコリン（lycorine）を含みます。汁液にはシュウ酸カルシウム（calcium oxalate）を含みます。

☑ 人への健康被害

　誤って口にすると、胃けいれんや嘔吐（おうと）、下痢などを引き起こします。職業的にヒアシンスを多量に扱う場合、指先が裂けて赤くなるなどの皮膚炎を引き起こします。

☑ リスク低減

　鱗茎をタマネギに間違える可能性がありますが、特有のにおいがないので区別できます。また多量に切り花などを扱う場合は、ゴム手袋などを着用するようにします。

オーニソガラムの仲間

学　名	*Ornithogalum*
英　名	star-of-Bethlehem
原産地	ヨーロッパ、地中海沿岸、アフリカ、

マダガスカル、アラビア半島に約200種が分布します。

開花期	春〜初夏

特　徴　　　地下に鱗茎を持つ球根植物。葉は
すべて根出葉で、地上茎に葉はありません。花は
散房または総状花序につきます。

オーニソガラム・アラビクム

栽培される主な種類

◆オーニソガラム・アラビクム（*O. arabicum*）

和：クロボシオオアマナ　英：star-of-Bethlehem

地中海沿岸、アラビア半島原産。花茎は長さ30〜60cmで、10数個の花を
つけます。花は白色で、雌しべが黒褐色となり目立ちます。

オーニソガラム・ティルソイデス

◆オーニソガラム・ティルソイデス（*O. thyrsoides*）

英：chinkerinchee, wonder-flower

南アフリカ原産。花茎は長さ30〜60cmで、20〜30個の花をつけます。花色は白。

人との関係　　　切り花によく用いられます。

☑ **有毒部位・成分**

　全草、特に鱗茎に強心配糖体のコンバラトキシン（convallatoxin）、
コンバロシド（convalloside）を含みます。汁液にはシュウ酸カルシウム
（calcium oxalate）を含みます。

☑ **人への健康被害**

　誤って口にすると、吐き気や嘔吐を引き起こし、多量の場合、血圧低下、心拍
の乱れを招きます。また汁液が皮膚につくと皮膚炎を引き起こすことがあります。

☑ **リスク低減**　　　ヒアシンス（p.110）に準じます。ペットへの健
康被害も報告されています（O'Kane, 2009）。

シラーの仲間

学　名	*Scilla*
原産地	ユーラシア、アフリカに46種が分布

します。

開花期	春〜初夏

特　微　地下にほぼ球形の鱗茎を持つ球
根植物。花茎を春に伸ばし、鐘状の花はその
先に総状花序につきます。花色はふつう青。

シラー・ペルビアナ

栽培される主な種類

◆シラー・ペルビアナ（*S. peruviana*）

和：オオツルボ　英：Cuban lily, hyacinth of Peru, Peruvian scilla, Peruvian
lily, star of Peru

南西ヨーロッパ、西アフリカ原産。葉は長さ15〜30cm、幅2cmほどで、葉縁に
白色の細い刺毛があります。花茎の先のピラミッド状の総状花序に、紫青色
の花を50個以上つけます。

◆シラー・ベルナ（*S. verna*）　　英：spring squill

西ヨーロッパ原産。葉は線状で、長さ20cmほど。花茎は長さ15cmほどで、星
状の花を10個ほどつけます。花色は薄紫青。

人との関係　　花壇に植えつけて利用しています。

☑ **有毒部位・成分**
　全草に、ジギタリス（p.80）に似た強心配糖体を含みます。

☑ **人への健康被害**
　誤って大量に食べた場合、口腔の痛み、吐き気、嘔吐、腹痛、下痢を
引き起こすことがあります。

☑ **リスク低減**
　球根をタマネギに間違える可能性がありますので、注意します。

クサスギカズラ科

オモト

学　名	*Rohdea japonica*
英　名	Japanese sacred lily, lily of China, Nippon lily, sacred lily
原産地	日本の関東以西と中国
開花・結実期	初夏〜夏・初冬

果実

特　徴　地下に膨らんだ根茎（こんけい）を持つ多年草。葉は数枚が地際から生じます。5〜7月に、長さ7〜10cmの太い花茎（かけい）を伸ばし、淡黄色の花を15〜30個つけます。果実は液果（えきか）で、初冬に赤く、まれに黄色に熟します。葉の形態、大きさ、斑（ふ）の入り方などさまざまな栽培品種が知られます。

黄色に熟した果実

人との関係

徳川家康（1542〜1616）はオモトの愛好家として知られ、江戸時代の元禄（1688〜1704）、享保（1716〜36）、文化（1804〜18）、文政（1818〜30）年間にはオモトブームが起こっています。

☑ 有毒部位・成分

全草に強心配糖体のロデイン（rhodeine）、ロデキシン（rhodexin）が含まれ、特に根茎にはロデイン、葉にはロデキシンA、B、C（rhodexin A、B、C）が含まれます。

☑ 人への健康被害

誤って口にすると、呼吸が激しくなった後、吐き気、嘔吐（おうと）、ひどい場合は、血圧低下、全身麻痺、呼吸麻痺を起こし、死亡例もあります。

☑ リスク低減

生薬（しょうやく）で、根茎を「万年青根（まんねんせいこん）」、葉を「万年青葉（まんねんせいよう）」と呼びますが、素人療法は危険です。

蒼殿閣（ソウデンカク）

学　名	*Bowiea volubilis*
英　名	climbing-onion, sea onion
原産地	ウガンダ〜南アフリカ
開花期	春〜初夏

特　徴　株元に薄緑色の径 10 〜 20cm に
なる大きな球根を持つ。春に球根の頂部から鱗片
状の葉を出しますが、すぐに脱落します。その後、
つる状の花茎を出し、長さ 2 〜 6mになります。花
は緑白色で径 1cm ほど。

球根

人との関係

　現地では伝統医療として頭痛、動悸、不
妊治療などに用いられますが、死に至る中
毒が報告されています。日本には明治末年
に導入され、昭和 10 年代に多肉植物愛好
家が命名した園芸名の蒼角殿の名で呼ば
れるようになりました。

花茎と花

☑ 有毒部位・成分
　全草に強心配糖体のブファジエノライド（bufadienolides）を含みま
す。

☑ 人への健康被害
　誤って口にすると、吐き気、嘔吐、不整脈、心不全などを引き起こしま
す。イヌ、ネコ、ヒツジ、ヤギの健康被害が報告されています。

☑ リスク低減
　珍奇植物として鉢栽培されていますが、有毒植物であることを自覚し
て栽培するようにしましょう。

ケマンソウ

別　名	タイツリソウ
学　名	*Lamprocapnos spectabilis*
異　名	*Dicentra spectabilis*
英　名	bleeding heart
原産地	中国、朝鮮半島
開花期	春
特　徴	草丈70〜80cmの多年草。

葉は長い葉柄のある羽状複葉。4〜5月に、ピンク色の長さ3cmほどの扁平な花を10〜15個、斜めに伸びる花序に垂れ下がってつきます。白花の栽培品種'アルバ'が知られます。

'アルバ'

人との関係

日本には江戸初期に紹介されました。和名は、花形が仏堂の装飾具の「華鬘」に似ていることに由来しています。別名は、釣竿にぶら下がる鯛を連想したことに由来します。

☑ 有毒部位・成分

特に根茎と葉にアルカロイドのプロトピン（protopine）、ビククリン（bicuculline）などを含みます。。

☑ 人への健康被害

誤って口にすると、吐き気、嘔吐、下痢、体温低下、呼吸不全、心臓麻痺などを引き起こします。大脳中枢が麻痺することで眠くなることが知られます。

☑ リスク低減

愛らしい花からは有毒植物とは想像できないですが、扱いには注意しましょう。

ハナビシソウ

別　名	カリフォルニア・ポピー、キンエイカ
学　名	*Eschscholzia californica*
英　名	California poppy, golden poppy, California sunlight, cup of gold
原産地	アメリカ合衆国西部、メキシコ
開花期	春

特　徴　日本では秋播きの一年草として扱わ
れます。草丈30〜60cmで、茎はよく分枝します。
茎や葉は粉白緑色を帯びます。互生する葉は細
裂します。花は上部に葉腋に1個つき、径5〜
8cmで、日中に開花します。花色は橙、黄、白、

花と蕾

淡紅などで、半八重咲きもあります。蕾はとんがり帽子のようで、合着する萼に
包まれ、開花時に萼は脱落します。果実は細長く7.5〜10cmほどで、黒褐
色の種子を多数含み、熟すと2片に裂けます。

人との関係

　北アメリカの先住民族は汁液の鎮痛作用を知っており、歯の痛み止めに用い
たとされます。アメリカ合衆国カリフォルニア州の州花です。

☑ 有毒部位・成分
　完熟した種子以外の全草に、アルカロイドのプロトピン（protopine）
などを含みます。

☑ 人への健康被害
　誤って口にすると、嘔吐や体温低下、呼吸麻痺、心臓麻痺などを引
き起こします。

☑ リスク低減
　花壇によく植栽されているので、子どもや認知障害がある人、ペットな
どに対しては注意が必要です。

ケシ科

ヒナゲシ

別　名	グビジンソウ、シャーレ・ポピー
学　名	*Papaver rhoeas*
英　名	corn poppy, corn rose, field poppy, Flanders poppy, red poppy, red weed
原産地	ヨーロッパ
開花期	春〜初夏
特　徴	草丈50cmの一年草で、まばらに分枝します。自生地では道端や荒れ地、麦畑の雑草となっています。葉はふつう羽状に裂けます。花は径5〜7cmで、花色は紅、ピンク、紅紫、白などで、基部に黒い斑紋が入ることが多いです。シャーレ・ポピーと呼ばれているものは、本種の1系統です。

人との関係

　別名グビジンソウ（虞美人草）の名は、中国の武将項羽が劉邦軍によって垓下に追い詰められ（紀元前202年）四面楚歌の状態になった時に、項羽の愛妃であった虞美人が自殺し、その墓の上にヒナゲシが咲いたという言い伝えによるとされます。しかし、実際にヒナゲシが中国に渡来したのは唐の時代（618〜690、705〜907）といわれています。

☑ 有毒部位・成分

　完熟した種子以外の全草に、アルカロイドのロエアジン（rhoeadine）、ロエアゲニン（rhoeagenine）などを含みます。

☑ 人への健康被害

　人への健康被害は報告されていませんが、大量に摂取した家畜がけいれんや昏睡状態になった事故例があります（佐竹, 2012）。

☑ リスク低減

　花壇によく植栽されているので、子どもや認知障害がある人、ペットなどに対しては、念のために、注意が必要です。

ナンテン

学　名	*Nandina domestica*
英　名	nandina, heavenly bamboo, sacred bamboo

原産地　日本を含む東アジア、インド原産の1属1種の単型属です。

開花・結実期　春〜初夏・晩秋〜初冬

特　徴　高さ1〜2mになる常緑低木。茎はほとんど分枝しません。葉は大きく、ふつう数回奇数羽状複葉で、茎の上部に密につき、互生します。小葉は披針形で、長さ3〜7cm。秋になると紅葉します。5〜6月、花は円錐花序に多数つきます。果実は球形で、直径7〜8mmの液果、晩秋〜初冬に赤く熟します。白色に熟すシロナンテンが知られ、葉も紅葉しません。矮性で、葉が幅広く、美しく紅葉するものをオタフクナンテンと呼んでいます。

ナンテンの果実

シロナンテンの果実

人との関係

　ナンテンは「難を転ずる」といわれ、縁起のよい植物として、庭木として古くから栽培されていました。お正月のしめ縄飾りにも赤く熟した果実が使用されます。生葉の防腐・殺菌作用を期待して、日本では赤飯や魚などに葉を添える風習がありますが、「難を転ずる」から食あたりを避けたいことに由来するともいわれています。果実は「南天実」と呼び、喘息、百日咳などの鎮咳薬として、葉は「南天葉」と呼び健胃剤、また解熱剤の生薬としますが、専門医の処方が必要です。

ナンテンの花

オタフクナンテン

☑ **有毒部位・成分**

全株に含まれ、果実にアルカロイドのドメスチン（domesticine）、イソコリジン（isocorydine）などが、葉にアルカロイドのナンジニン（nandinine）などが含まれます。

☑ **人への健康被害**

誤って口にすると、知覚や運動神経の麻痺、呼吸麻痺を引き起こします。

☑ **リスク低減**

葉は食べものの添え葉のほか、生け花では切り葉として利用しますので、誤って食べないようにします。果実はしめ縄飾りによく利用され、赤く熟した果実を誤って食べないように注意します。縁起のよい植物ということで、ナンテンの箸で食事をすると無病息災であると信じられ、子どもの「食い初め」にもよくナンテンの箸が用いられますが、慎んだ方がよいと思います。

オキナグサの仲間

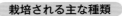

ヨウシュオキナグサ

| 学　名 | *Pulsatilla* |

原産地　ユーラシア、北アメリカに約 30 種が分布します。

開花期　早春〜春

特　徴　多年草で、太い根茎より根出葉を生じます。葉が若い時には白色の毛に覆われます。葉腋から生じる花茎に花を 1 個つけます。花には花弁がなく、花弁状の萼片が目立ちます。

栽培される主な種類

◆オキナグサ（*P. cernua*）

日本の本州、四国、九州、朝鮮半島、中国原産。花は暗紫色で、外側には白色の絹毛が密生します。果実には長さ 4cm ほどの花柱が残り、羽毛状となり、和名はこの様子を老人の頭に見立てたものです。

◆ヨウシュオキナグサ（*P. vulgaris*／異：*Anemone pulsatilla*）　英：pasque flower

ヨーロッパ原産。花径は 6 〜 7cm とオキナグサより大型で、花色が青から紅紫で、白色などの栽培品種もあります。

人との関係

オキナグサの根は「和白頭翁」と呼び、生薬として下痢や赤痢に用いました。ヨウシュオキナグサは山野草として人気があります。

☑ **有毒部位・成分**

全草に、ラヌンクリン（ranunculin）の酵素分解による有毒成分プロトアネモニン（protoanemonin）を含みます。

☑ **人への健康被害**

誤って口にすると、腹痛、嘔吐、けいれんなどを引き起こします。汁液が皮膚につくと水疱を伴う皮膚炎を起こすことがあります。

☑ **リスク低減**

誤って口にする可能性がある人の手の届かない場所で管理するとよいでしょう。

キンポウゲ科

ラナンキュラス

学　名	*Ranunculus asiaticus*
英　名	garden ranunculus, Persian buttercup
原産地	地中海沿岸東部、中近東
開花期	春
特　徴	地下に塊根を持つ球根植

物。園芸上は秋植え球根として扱います。草丈は 30 〜 60cmほどで、葉は 2 〜 3 回 3 出複葉。4 〜 5 月に中空の花茎を伸ばし、先に数個の花をつけます。多数の栽培品種が知られ、花径は 8 〜 10cmになり、八重咲きで、花色は黄、赤、橙、ピンク、白などと豊富です。

人との関係

鉢花、切り花に利用されます。

☑ **有毒部位・成分**

　全草に、ラヌンクリン（ranunculin）の酵素分解による有毒成分プロトアネモニン（protoanemonin）を含みます。

☑ **人への健康被害**

　誤って口にすると、口内の炎症、腹痛、下痢を引き起こし、ひどい場合はけいれんを発生します。汁液が皮膚に付着すると水疱を伴う炎症を引き起こします。プロトアネモニンは乾燥したものには含まれないため、乾燥した葉では炎症は起きないとされます。

☑ **リスク低減**

　花殻摘みや古くなった葉を除くなどの作業時には、特に注意して扱うようにします。

デルフィニウムの仲間

学　名	*Delphnium*
原産地	北半球に約 320 種が分布します。
開花期	春〜初夏
特　徴	一〜多年草。花は青色系が多く、総状

または穂状花序につきます。花には花弁状の萼片が
5 個あり、上部のものの背部は袋状に伸びて距となり
ます。花弁は花の中央に小さく突出し、蜜を出します。

ベラドンナ系デルフィニウム
'ベラモーサム'

栽培される主な種類

◆ベラドンナ系デルフィニウム（*D.* Belladonnna Group）
20 世紀初めにヨーロッパで作成された栽培品種群で
す。花茎が比較的細く、ややまばらに花をつけます。
◆エラーツム系デルフィニウム（*D.* Elatum Group）
長い花穂が特徴的で、花の径も 5 〜 8cmと多く、八
重咲きです。オーロラ・シリーズ（Aurora™ Series）
などが知られます。

人との関係

切り花や花壇に利用されます。

エラーツム系デルフィニウム
'オーロラ・ブルー'

☑ 有毒部位・成分

　全草、特に種子と若苗に、アルカロイドのデルフィニン（delphinine）な
どを含みます。

☑ 人への健康被害

　誤って口にすると、吐き気、嘔吐、腹痛、けいれんを引き起こし、死
に至ることもあります。

☑ リスク低減

　人よりもペットでの事故例が多いので、ペットを飼っている場合は特
に注意します。

キンポウゲ科

ラークスパー

和　名	ヒエンソウ
別　名	チドリソウ
学　名	*Delphinium ajacis*
異　名	*Consolida ajacis, C. ambigua*
英　名	rocket larkspur
原産地	ヨーロッパ南部原産
開花期	春〜初夏

特　徴	一年草ですが、日本では秋に播種する

二年生植物として扱われます。草丈30〜90cmで、茎は細く、あまり分枝しません。花は径3〜4cmで、総状花序につきます。花弁状の萼片が目立ち、上部の1個の背部が伸びて距となります。その様子が飛翔する燕に似ることから、ヒエンソウの名があります。

'サーモン・スパイヤー'

人との関係

　日本には明治時代初期に導入されました。切り花によく利用されています。種子は皮膚寄生虫駆除剤として外用されます。

☑ 有毒部位・成分

　地上部と種子にアジャシン（ajacine）、アジャコニン（ajaconine）などのアルカロイドを含みます。

☑ 人への健康被害

　誤って口にすると、吐き気、嘔吐、腹痛、けいれんを引き起こします。

☑ リスク低減

　人よりもペットでの事故例が多いので、ペットを飼っている場合は特に注意します。

クリスマスローズの仲間

学　名	*Helleborus*

英　名	hellebores

クリスマスローズ

原産地	ヨーロッパ、地中海沿岸、

小アジアに 21 種が分布します。

開花期	主に冬〜早春

特　徴	草丈 50cmほどの多年草。

葉は 5 〜 11 裂します。多くは冬〜早春に
かけて開花します。花は集散花序につき、
花弁状の萼片は 5 個で、花弁は退化して小さな
蜜腺となっています。

栽培される主な種類

コダチクリスマスローズ

◆コダチクリスマスローズ（*H. foetidus*）

別：キダチフユボタン

英：stinking hellebore, dungwort

ヨーロッパ西部および南部の原産。草丈 45cmほ
ど。花は鐘状で、下向きに咲き、淡緑色です。

◆クリスマスローズ（*H. niger*）英：Christmas rose

草丈 30cmほど。葉は地際から生じ、革質で、暗緑色。白色の花は 12 月〜 2
月に咲き、花柄の先に 2 〜 3 個つけます。しばしば下記のレンテンローズと混同
されますが、開花期が異なるとともに、草丈が低いこと、花の基部につく苞葉
が小さいことなどから区別できます。

◆レンテンローズ（*H. orientalis*）英：Lenten rose

ギリシアからコーカサス原産。草丈 50cmほど。葉は地際から生じ、葉柄は長く
45 〜 60cmになる。花柄は葉柄より短く、先に 3 〜 4 花をつけます。2 〜 4 月
頃に咲き、この時期が復活祭（イースター、春分の日の後の最初の満月の次
の日曜日）の前の 40 日間にあたる四旬節（レント）に一致することからレンテン
ローズの名があります。

日本でクリスマスローズの名で流通しているのは、本種や本種を交雑親とした栽培品種群のことです。

人との関係

クリスマスローズの根茎は「ヘレボルス根」と呼び、強心薬とした歴史がありますが、毒性が強く、現在は用いられていません。

レンテンローズ‘ルイス・イエロー’

レンテンローズ、半八重咲きの栽培品種

レンテンローズ、八重咲きの栽培品種

☑ **有毒部位・成分**

全草、特に根と根茎に強心配糖体のヘレブリン（hellebrin）、ヘレボレイン（helleborein）を含みます。

☑ **人への健康被害**

誤って口にすると、吐き気、嘔吐、下痢を引き起こします。また、汁液が皮膚につくと皮膚炎を引き起こします。

☑ **リスク低減**

近年、レンテンローズの仲間は、クリスマスローズの名で人気がありますが、有毒植物であることを自覚して栽培するようにしましょう。

ムラサキセンダイハギ

学　名	*Baptisia australis*
英　名	blue wild indigo, blue false indigo
原産地	北アメリカ中部・東部
開花・結実期	春〜初夏・夏
特　徴	高さ1〜1.5mになる多年草。

直立する茎を多数生じます。葉は倒披針形の小葉からなる3出複葉。紫〜藍青色の花はまばらな総状花序につき、5〜7月に開花します。果実は豆果で、熟すと黒みを帯びます。黄色の花を咲かせるセンダイハギ（*Thermopsis lupinoides*）は別属です。

人との関係

人気のある宿根草で、庭によく植えられるほか、切り花としても利用されます。

☑ 有毒部位・成分

全草にアルカロイドのシチシン（cytisine）を含みます。シチシンはキングサリ属やエニシダ属などマメ科植物によく含まれています。分子構造はニコチン（nicotine）と類似しているため、医薬品として喫煙の治療に用いられます。また、誤って口にすると、ニコチン中毒とよく似た症状を引き起こします。

☑ 人への健康被害

人への健康被害の報告はありませんが、誤って口にすると、吐き気、けいれん、頭痛を引き起こし、大量の場合は、呼吸不全で死に至る可能性があります。

未熟果

☑ リスク低減

若葉や未熟果（若莢）はみずみずしい緑色ですが、食べないようにします。

マメ科

ゴールデン・シャワー

学　名	*Cassia fistula*
和　名	ナンバンサイカチ
英　名	golden shower, Indian laburnum, purging cassia
原産地	インド〜東南アジア
開花期	初夏〜秋

特　徴　高さ 10 〜 20m になる高木。葉は羽状複葉で、小葉は 4 〜 8 対。葉腋から生じる総状花序は長さ 15 〜 75cm で、多数の花をつけます。鮮黄色の花は径 4cm ほどで、芳香があります。果実は長さ 50cm 以上になる円筒形で、中に多くの種子を含みます。

花

人との関係

タイの国花。熱帯・亜熱帯各地に広く栽培されます。九州南部以南では越冬可能なため、戸外で植栽されます。沖縄では 6 〜 9 月に開花し、見事な景観となります。

果実

☑ 有毒部位・成分

果実および種子に、消化器系を刺激するアントラキノン (anthraquinone) を含みます。

☑ 人への健康被害

誤って大量に口にすると、嘔吐、腹痛、下痢を引き起こす可能性があります。

☑ リスク低減

食用の豆類ではないので、食べないようにしましょう。

オオコチョウ

学　名	*Caesalpinia pulcherrima*
異　名	*Poinciana pulcherrima*
英　名	poinciana, peacock flower, red bird of paradise, Mexican bird of paradise, pride of Barbados
原産地	熱帯アメリカ
開花期	初夏〜秋
特　徴	高さ 2 〜 3m になる低木。葉

は羽状複葉で、長さ30cm ほどです。橙色の花は頂生または腋生の総状花序につきます。果実は扁平な豆果で、長さ 10cm ほどです。花が黄色の品種（f. *flava*）が知られます。

未熟果

人との関係

　熱帯・亜熱帯地域では戸外の観賞植物としてよく植えられ、温帯圏では温室内で栽培されています。未熟種子は無毒とされ、食用にするとされます。

☑ 有毒部位・成分
　種子にタンパク質凝固作用を持つタンニン (tannin) を含みます。

☑ 人への健康被害
　種子を食べると吐き気、嘔吐を引き起こし、さらには下痢をします。通常、これらの症状は24時間以内には回復するといわれます（Spoerke・Smolinske, 1990）。

☑ リスク低減
　無毒とされる未熟種子も、好奇心から食べないようにします。

マメ科

ナタマメ

別　名	トウズ、タチマメ
学　名	*Canavalia gladiata*
英　名	sword bean
原産地	熱帯アジアまたは熱帯アフリカ
開花・結実期	夏・秋
特　徴	つる性の一年草。葉は卵状長

楕円形の小葉からなる３出複葉。総状花序に白、ピンク、赤紫色の花をつけ、夏に開花します。果実は豆果で大きく、長さ 20 〜 40cm、幅 3.5 〜 5cm にもなります。種子は平たく、色は白、赤、褐、ピンクなど多様です。

未熟果

人との関係

　未熟果（若莢）はスライスにして福神漬けなどに利用しています。種子は「刀豆」と呼び、腰痛やリウマチの治療に使用しています。近年、「なた豆茶」などと称し、蓄膿や歯周病、歯槽膿漏に効果がある健康茶としても利用されています。

☑ **有毒部位・成分**

　完熟種子に血液凝固作用のあるコンカナバリンA（concanavalin A）や、カナバリン（canavalin）、サポニン、青酸配糖体など数種の有毒成分を含みます。

☑ **人への健康被害**

　種子を大量に食すと、吐き気などを引き起こす可能性があります。

☑ **リスク低減**

　近縁種のタカナタマメ（*C. cathartica*）、タチナタマメ（*C. ensiformis*）には有毒成分が多く含まれ、ナタマメと同様に使用されている可能性があり、注意が必要です。

チョウマメ

学　名	*Clitoria ternatea*
英　名	butterfly-pea, blue-pea, cordofan-pea
原産地	熱帯アジア
開花・結実期	夏・秋

特　徴　つる性の多年草ですが、日本では春播きの一年草として扱われます。葉は互生する羽状複葉で、小葉は5〜9枚。蝶形花冠の花は腋生で、単生します。花色は青が一般的で、藤、白などが知られます。扁平な果実は豆果で、長さ10cmほど、中に黒褐色の種子を含みます。

人との関係

　観賞植物としてよく栽培されています。東南アジアでは、花の色素を食品や繊維の染色に用いています。

☑ 有毒部位・成分

　種子は強い下剤効果があり、タンニン（tannin）やたんぱく質分解酵素のトリプシンの作用を阻害するトリプシンインヒビター（trypsin inhibitor）を含みます。

☑ 人への健康被害

　誤って大量に食べると、嘔吐や下痢を引き起こします。

☑ リスク低減

　未熟果はインゲンマメに似ているので注意します。

マメ科

エニシダ

学　名	*Cytisus scoparius*
英　名	common broom, Scotch broom
原産地	ヨーロッパ
開花期	春～初夏

| 特　徴 | 高さ2mほどになる落葉低木です |

が、若い枝が緑色となるため常緑のようにみえます。細い枝はよく分枝し、箒状になります。葉は有柄の3出複葉で、枝先では無柄の1小葉となります。鮮やかな黄色の蝶形花を葉腋に1～2個つけます。翼弁に赤色の斑が入る栽培品種のホオベニエニシダもよく栽培されます。

人との関係

　日本では観賞用に庭木や切り花としてよく利用されています。枝を束ねて枝箒をつくり、イギリスでは魔女がエニシダでつくった枝箒を好み、真夜中にまたがって飛行すると信じられています。子宮収縮薬のスパルテイン硫酸塩の製造原料として知られます。

☑ 有毒部位・成分

　全株、特に枝や葉にアルカロイドであるスパルテイン（sparteine）、イソスパルテイン（isosparteine）、シチシン（cytisine）などを含みます。スパルテインは心拍数を下げる効果があります。

☑ 人への健康被害

　誤って口にすると、吐き気、嘔吐、めまい、頭痛、腹痛、下痢、胃腸けいれんのほか、血圧降下、中枢神経の麻痺を引き起こします。

☑ リスク低減

　エニシダは、利尿薬や分娩後の出血を防ぐ薬効があるとされますが、素人療法は慎むべきです。

デイゴの仲間

学　名	*Erythrina*
英　名	coral tree
原産地	ヨーロッパ大陸を除く世界

の熱帯・亜熱帯に約110種が分布して
います。

開花期	主に春〜秋
特　徴	高木または低木、まれに

半低木で、多くは枝にとげがあります。
葉は羽状3小葉。花は大型で、ふつう
赤紅色ですが橙色、黄色、白色のもの
もあります。果実は扁平または円柱形で、
種子と種子との間にくびれがあることが
あります。種子は赤色を呈していること
が多く、茶褐色〜黒色のものも知られま
す。

デイゴ

栽培される主な種類

◆コーラルツリー（*E. corallodendron*）
　英：red bean tree
ジャマイカ島、イスパニョーラ島原産。

アメリカデイゴ

5m以下の低木で、幹と枝にとげがあります。花は濃赤色。果実は長さ10〜
15cmで、深いくびれがあり、種子は緋紅色。

◆アメリカデイゴ（*E. crista-galli*）
別：カイコウズ、ホソバデイゴ　英：cockspur coral tree
ブラジル〜アルゼンチン北部原産。高さ6mほどの高で、枝にはとげがあります。
花は黄色味を帯びた赤色。果実は長さ10〜20cmで、くびれがあります。

◆デイゴ（*E. variegata*）　異：*E. orientalis*
別：フイリデイゴ　英：tiger's claw, Indian coral tree

アフリカ、アジアおよびポリネシアの熱帯原産。高さ20mに達する高木。幹は灰褐色で、枝には小型のとげがあります。花は赤紅色で、葉が展開する前に開花します。葉に葉脈に沿って黄白色や白色の斑が入ることがあります。果実は長さ20〜30cmと大きく、種子はアズキ形で、赤褐色。

葉に斑が入るタイプのデイゴ

デイゴの種子

人との関係

花が美しいので、関東以西の暖地では街路樹や公園樹としてよく植栽されています。デイゴは沖縄県の県花、アメリカデイゴは鹿児島県の県花です。

☑ **有毒部位・成分**

根、樹皮、茎、葉、果実、生の種子に、有毒成分のエリスリニン（erythrinine）、ヒパホリン（hypaphorine）、エリソトリン（erysotrine）、エリスラリン（erythraline）などのエリスリナアルカロイド（erythrina alkaloids）を含んでいます。

☑ **人への健康被害**

誤って口にすると、めまい、手足の脱力、麻痺、眠気、低血圧、呼吸抑制を引き起こします。

☑ **リスク低減**

種子が美しく、子どもが遊ぶことがあるので注意しましょう。

キングサリ

別　名	キバナフジ
学　名	*Laburnum anagyroides*
異　名	*Cytisus laburnum*
英　名	common laburnum, golden chain, golden rain
原産地	ヨーロッパ中部・南部
開花・結実期	春・初夏〜夏

特　徴　高さ7〜10mになる落葉高木。互生する葉は3出複葉、小葉は倒卵形で長さ5〜10cm。黄色の花は蝶形で、垂れ下がる総状花序につきます。果実は扁平な豆果です。

人との関係

　ヨーロッパでは特に庭木、街路樹として人気があります。日本でも冷涼な地域を中心に栽培されます。葉はタバコの混ぜ物にされたりします。

未熟果

☑ 有毒部位・成分
　全株、特に種子にアルカロイドのシチシン (cytisine) を含みます。

☑ 人への健康被害
　シチシンの分子構造はニコチン (nicotine) と類似することから、ニコチン中毒とよく似た症状を引き起こします。誤って口にすると、喉の痛み、吐き気、嘔吐、腹痛、瞳孔散大、心拍数の増加を引き起こし、重度の場合、けいれん、呼吸不全、昏睡から死に至る可能性があります。

☑ リスク低減
　イギリスでは、子どもが緑色の果実または種子を食べる事故例がたくさん報告されています。日本でも栽培されることが多くなっているので、注意します。ペットへの健康被害も報告されています (O'Kane, 2009)。

マメ科レンリソウ属

スイートピーの仲間

| 学　名 | *Lathyrus* |

| 英　名 | vetchlings, wild peas |

| 原産地 | ユーラシア、熱帯東アフリカの高地、温

帯南北アメリカに 160 種が分布します。

| 開花期 | 春〜夏 |

| 特　徴 | 草本で、つる性のものはふつう分岐す

る巻ひげを持ちます。花冠（かかん）は特徴的な蝶形です。

スイートピー

栽培される主な種類

◆シュッコンスイートピー（*L. latifolius*）別：ヒロハノレンリソウ

英：perennial peavine, perennial pea

ヨーロッパ中部・南部原産。つる性の多年草。小葉は細長

く、総状花序（そうじょうかじょ）に花が多数つきます。

シュッコンスイートピー

◆スイートピー（*L. odoratus*）　英：sweet pea

クレタ島、シチリア島、南イタリア原産。つる性の一年草。小葉は長さ 5cm ほどで、

葉の軸や茎には翼があります。花には芳香があり、様々な花色の栽培品種があります。

人との関係　　切り花、花壇などに利用されています。

☑ 有毒部位・成分

　全草、特に果実と種子に、有毒なアミノプロピオニトリル (aminopropionitrile)
を含みます。

☑ 人への健康被害

　長期間摂取し続けると、手足のけいれんや麻痺などを伴う中毒を引き
起こし、この中毒を人では神経ラチリズム（neurolathyrism）、家畜では
骨性ラチリズム（osteolathyrism）と呼びます。

☑ リスク低減

　少量を口にしても大きな問題にはなりませんが、種子を口に入れやす
い幼児には注意が必要です。

ルピナスの仲間

学 名	*Lupinus*
英 名	lupin, lupine
原産地	北アメリカ西部を中心に、南北アメリカ、

南アフリカ、地中海沿岸などに約 220 種が分布します。

開花期	春
特 徴	一年草、多年草または亜低木。葉はふ

つう掌状複葉。花は頂生の総状花序につきます。果実は扁平な豆果です。

ラッセルルピナス

栽培される主な種類

◆ラッセルルピナス（*L.* × *regalis* Russell Group）

英：Russell lupin

高さ 45 〜 100cm になる多年草で、園芸上は一年草として扱います。豪華な花序となり、花色も豊富です。

カサバルピナス

◆カサバルピナス（*L. micranthus*）別：ケノボリフジ　英：small-flowered lupine

南ヨーロッパ原産。高さ 60 〜 80cm の一年草。花色はふつう紫青。

人との関係　　花壇や切り花に利用されます。

☑ 有毒部位・成分

全草、特に種子に、キノリジジン系のアルカロイドであるルピニン（lupinine）、ルパニン（lupanine）、スパルテイン（sparteine）を含みます。

☑ 人への健康被害

大量に摂取すると、心拍数が増加し、嘔吐などの胃腸障害、ひどい場合は瞳孔散大、呼吸困難、昏睡、神経けいれんなどを引き起こします。ピーナッツアレルギーとの交差反応が知られています。

☑ リスク低減

少量を口にしても大きな問題にはなりませんが、種子を口に入れやすい幼児には注意が必要です。

マメ科

ベニバナインゲン

学　名	*Phaseolus coccineus*
英　名	runner bean, scarlet runner bean, multiflora bean
原産地	中央アメリカ
開花・結実期	夏・秋
特　徴	つる性の多年草ですが、日本では

一年草の野菜として扱われています。6 ～ 8 月に、
葉腋から花茎を伸ばして朱紅色の花をつけます。
種子（豆）は花豆と呼ばれ、ふつう虎斑模様が
入ります。寒冷な気候を好むため、日本では主に
長野県や北海道および東北地方で栽培されます。
花と種子が白色のものは、シロバナインゲンと呼ばれます。

種子

人との関係　　種子（豆）は煮豆、甘納豆などに利用されます。

☑ 有毒部位・成分

　種子に含まれる赤血球凝集素であるレクチンの1種、フィトヘマグルチニン（phytohaemagglutinin）が含まれます。フィトヘマグルチニンは、インゲンマメ（*P. vulgaris*）にも含まれ、赤インゲンマメに特に多いとされます。

☑ 人への健康被害

　2006年5月、テレビ番組でシロバナインゲンによるダイエット特集の中で、「2～3分炒り、粉末状にして食べる」という調理法で調理し、大さじ2杯程度を食した多くの人が、嘔吐、下痢、腹痛等の消化器症状を発症しました（厚生労働省）。

☑ リスク低減

　生または調理が不十分な豆を食べると症状が出ます。調理の際は、十分に火に通してから食します。

ハリエンジュ

別　名	ニセアカシア
学　名	*Robinia pseudoacacia*
英　名	black locust
原産地	北アメリカ
開花期	初夏
特　徴	高さ25mに達する高

木。葉は奇数羽状複葉。花は白色で、芳香があり、下垂する総状花序に密生します。果実は広線形、長さ5〜10cmで、3〜10個の種子が入っています。「アカシア」と誤って呼ばれることがあります。

人との関係

　蜂蜜を採取する蜜源植物としてよく知られ、「アカシア蜂蜜」と呼ばれて人気が高いです。かつては街路樹や砂防樹として広く植栽されていました。しかし、野生化しやすく、外来生物法の生態系被害防止外来種リストの一つに指定され、「適切な管理が必要な産業上重要な外来種」とされています。

☑ **有毒部位・成分**

　種子、樹皮、葉に有毒成分のロビン（robin）とレクチン（lectin）を含みます。

☑ **人への健康被害**

　誤って口にすると、吐き気、嘔吐、下痢、心臓の動きの低下、四肢の冷え、昏迷などが、約1時間後に発生する可能性があります。

☑ **リスク低減**

　子どもが口にする可能性があるので、注意してください。

マメ科

レダマ

学　名	*Spartium junceum*
英　名	Spanish broom, weaver's broom

原産地　　地中海沿岸、ヨーロッパ南西部に1種が分布する単型属。

開花期　夏〜秋

特　徴　高さ2〜3.5cmほどになる低木。1小葉からなる葉は少なく、暗緑色で円柱状の茎が光合成を助けています。黄色の花を茎頂の総状花序につけます。果実は長さ5〜10cmほどで、5〜12個の種子を含みます。

人との関係

　庭木として利用されます。日本には江戸時代初期には渡来していたと考えられ、水野元勝（生没年不詳）の『花壇綱目』（1681年）や、貝原益軒（1630〜1714）の『大和本草』（1709年）などに記述されています。

☑ **有毒部位・成分**

　全株、特に花や種子に、キノリジジン系のアルカロイドであるシチシン（cytisine）、スパルテイン（sparteine）などを含みます。

☑ **人への健康被害**

　シチシンの分子構造はニコチン（nicotine）と類似することから、ニコチン中毒とよく似た症状を引き起こします。誤って口にすると胃腸障害を引き起こします。未熟果を大量に摂取すると、腹痛、歩行困難、しびれを引き起こします。

☑ **リスク低減**

　未熟果はインゲンマメに似ているので注意します。

フジ

別　名	ノダフジ
学　名	*Wisteria floribunda*
英　名	Japanese wisteria
原産地	本州、九州、四国
開花期	春
特　徴	つる性の木本で、上からみて

フジ '黒龍'

時計回りに巻きついてよじ登っていきます。葉は小葉11〜19枚からなる奇数羽状複葉。花は長さ20〜90cmほどの垂れ下がる花序につきます。花は蝶形で、径2cmほど。多くの栽培品種があります。

蝶形の花

人との関係

　別名ノダフジは、摂津国野田（現大阪市西成区周辺）の藤ノ宮にフジの名所があったことによります。庭木、庭園樹として藤棚などで栽培され、盆栽としても親しまれています。ヤマフジ（*W. brachybotrys*）も同様に利用されます。古くから、地域によりフジの花を湯がいて三杯酢で食べたり、天ぷらにしたりして食用としていました。また、若葉や種子も食用とすることが知られています。

☑ **有毒部位・成分**
　全株、特に果実と種子に、配糖体のウィスタリン（wistarin）を含みます。

☑ **人への健康被害**
　子どもの場合、種子を1〜2個食べるだけで深刻な中毒症状を引き起こす可能性があります。下痢、吐き気、腹痛、嘔吐を繰り返します（Turner・Szczawinski, 1991）。

☑ **リスク低減**
　食用にすることもありますが、食べ過ぎないように注意が必要です。

ビワ

学　名	*Eriobotrya japonica*
英　名	Japanese medlar, Japanese plum, loquat

原産地　中国（浙江、四川、湖北省）、日本の大分県でも野生のものがみられますが、自生かどうかははっきりとしません。

未熟果

開花・結実期　晩秋〜冬・初夏

特　徴　高さ 10m になる高木。葉は革質で、長さ 15 〜 30cm、枝先に密につきます。花は 11 月〜翌 2 月に開花します。果実は翌 6 月、枝先に房（ふさ）なりにつき、長さ 4 〜 5cm で、黄橙色に熟します。種子は褐色で光沢があり、長さ 3cm ほどです。

人との関係

葉は「枇杷葉（びわよう）」と呼び、鎮咳薬、去痰薬、健胃薬、鎮吐薬とします。民間薬としては、煎汁（せんじゅう）を皮膚炎、あせもなどに湿布や浴湯料（ふろに入れる薬草）として利用します。

☑ 有毒部位・成分

未熟果の果肉、種子に青酸配糖体のアミグダリン（amygdalin）を含みます。アミグダリンは無毒ですが、摂取後、胃腸などで分解されると有毒なシアン化水素（青酸）を発生します。

☑ 人への健康被害

少量を口にしても大きな問題にはなりませんが、大量に摂取すると、脱力感、嘔吐（おうと）、昏迷（こんめい）、けいれん、呼吸困難を引き起こします。

☑ リスク低減

栽培していなくても、鳥などが運んだ種子が発芽して、野生化している個体が多く、子どもたちが誤って未熟果を食べる可能性が高いので注意します。ペットへの健康被害も報告されています（O'Kane, 2009）。

ウメ

学　名	*Prunus mume*
英　名	Chinese plum, Japanese apricot
原産地	中国
開花・結実期	早春・初夏
特　徴	高さ10mになる落葉高木。

梅干し用の未熟果

花は春に伸びた枝のつけねにつき、ほとんど花柄がなく、2～3月を中心に葉に先だって開花します。主に花を観賞する目的で栽培されるものを花梅、果実を利用する目的で栽培されるものを実梅と称します。果実は径2～3cmのほぼ球形の核果（石果）で、硬い核の中に種子を1個含みます。

人との関係

未熟果を燻製にした「烏梅」は漢方薬として、解熱薬、鎮咳薬、去痰薬、鎮吐薬、止瀉薬として用いられます。また、未熟果を梅干し、梅酒などに加工します。

☑ 有毒部位・成分

未熟果の果肉、種子に青酸配糖体のアミグダリン（amygdalin）を含みます。アミグダリンは無毒ですが、摂取後、胃腸などで分解されると有毒なシアン化水素（青酸）を発生します。

☑ 人への健康被害

少量を口にしても大きな問題にはなりませんが、大量に青梅や核をかみ砕いて種子を摂取すると、脱力感、嘔吐、昏迷、けいれん、呼吸困難を引き起こします。

☑ リスク低減

梅干し、梅酒加工用に未熟果が販売されており、そのまま食べないように注意します。スモモ、カリン、モモ、アンズなどの未熟果、種子も同様の危険性があります。

ニガウリ

別　名	ゴーヤ、ツルレイシ
学　名	*Momordica charantia*
英　名	bitter gourd, karela, balsam pear
原産地	旧世界の熱帯
開花・結実期	初夏・夏
特　徴	つる性の多年草ですが、日本

では一年草として扱われます。果実は長さ
15〜50cm ほどで、濃緑から黄緑、白緑色、
表面のいぼが著しいものから滑らかなものま
であります。完熟すると、果皮は黄〜橙色に
なり、縦に裂け、黄〜橙色の果肉と、赤くて
甘い仮種皮に包まれた種子が現れます。

完熟果

種子

人との関係

未熟果を野菜として利用し、緑のカーテンとしてもよく栽培されています。

☑ 有毒部位・成分

完熟果の果肉、種子に毒性アルブミンのモモルジン（momordin）が
含まれます。甘くて赤い仮種子は有毒ではありません。

☑ 人への健康被害

誤って口にすると、吐き気、嘔吐、下痢を引き起こし、大量に摂取す
ると低血糖症が発生します。

☑ リスク低減

赤い仮種子は無毒で食べられますが、ぬるぬるしており、種子ととも
に食べてしまう危険性があります。家庭菜園や緑のカーテンなどで栽培
すると、収穫が追い付かず、過熟果となりがちですので、注意します。

オキナワスズメウリ

学　名	*Diplocyclos palmatus*

英　名	marble vine, native bryony, striped cucumber

原産地　トカラ列島以南、熱帯・亜熱帯アジア原産、オーストラリア、熱帯・南アフリカ

結実期　主に初夏〜夏

特　徴　雌雄同株。多年生のつる植物で、茎は長さ6mほどに伸びる。巻きひげでよじ登ります。葉は掌状に5または7裂し、表面はざらつきます。果実は径2cmほどの球形で、初めは緑色で、赤色に熟し、白色の縦縞が目立ちます。

果実

人との関係

果実を観賞用とするために栽培され、「琉球おもちゃウリ」の名で流通していることがあります。

☑ 有毒部位・成分

葉や果実、根が有毒とされ、有毒成分についての詳細は報告されていません。

☑ 人への健康被害

誤って果実を食した子どもの死亡例が報告されています。また、乾燥した葉を食した子牛と雌羊の死亡例が知られています。

☑ リスク低減

死亡例が報告されているにも関わらず、有毒成分など基本的な情報が少なく、注意する必要があります。愛らしい果実で、鳥がつついて食しますが、有毒ですので油断しないでください。

ベゴニアの仲間

| 学　名 | *Begonia* |

原産地　世界の熱帯から亜熱帯にかけて約1,400種が分布します。

開花期　周年

特　徴　多肉質の多年草または低木。雌雄同株。葉は左右非対称の独特な形態をしています。花は茎の上部に生じる腋生の集散花序につけます。

四季咲きベゴニア

球根ベゴニア

栽培される主な種類

有毒情報があるものとしては、シュウカイドウ（*B. grandis*）のほか、以下のものが知られます。

◆四季咲きベゴニア（*B. Semperflorens Cultorum Group*）
英：bedding begonia, wax begonia
ブラジル原産の野生種の交雑による栽培品種群で、温度さえあれば一年中咲き、花壇などによく植えられています。

◆球根ベゴニア（*B. Tuberhybrida Group*）　英：hybrid tuberous begonia
南アメリカのアンデス原産の野生種の交雑による栽培品種群で、大きなものでは径20cm以上の大きな花を咲かせます。日長14時間以上で、適温を保てば開花します。

人との関係　　観賞用によく栽培されます。

☑ **有毒部位・成分**
　根茎、塊茎に可溶性のシュウ酸塩結晶を含みます。

☑ **人への健康被害**
　誤って口にすると、口中や喉に焼けるような痛み、腫れ、吐き気、嘔吐などを引き起こします。

☑ **リスク低減**
　花壇や室内で身近に栽培されているので、幼児などの手の届かない場所で管理するようにします。

マユミ

別　名	ヤマニシキギ
学　名	*Euonymus hamiltonianus*
異　名	*Euonymus sieboldianus*
英　名	Hamilton's spindletree, Himalayan spindle
原産地	日本各地、サハリン、中国東北部、朝鮮半島
開花・結実期	初夏・秋
特　徴	高さ 2 〜 10m になる落葉性の小

果実

高木または高木。雌雄異株。10 〜 11 月には、葉が橙色〜赤色に紅葉します。花は淡黄緑色〜白色、径 1cm ほどで、1 花序に 1 〜 7 花つけます。果実は径 5 〜 9㎜で、垂れ下がってつき、淡紅紫色〜鮮紅色に熟します。果実は 4 裂開して、各室に濃紅紫色の種子を 1 〜 2 個を含みます。

人との関係

　材は柔軟性に富み、古くより弓の材料とされ、和名の由来となっています。また、櫛、寄木細工、家具、印材とされます。新芽は山菜として天ぷらなどにして食されます。

☑ 有毒部位・成分

　全株、特に種子に強心配糖体のエボノサイド (evonoside)、エボモノサイド (evomonoside) が含まれます。

☑ 人への健康被害

　誤って口にすると下痢、腹痛、便秘、嘔吐、脱力感を引き起こします。

☑ リスク低減

　ニシキギ属のニシキギ (*E. alatus*)、セイヨウマユミ (*E. europaeus*)、マサキ (*E. japonicus*) なども、同様の有毒性があるといわれています。

スターフルーツ

和　名	ゴレンシ
学　名	*Averrhoa carambola*
英　名	carambola, five-corner, star fruit
原産地	インドネシア
結実期	秋および冬

熟した果実

特　徴　高さ8 〜 14 mになる常緑の高木です。葉は羽状複葉。果実は卵形〜楕円形で5本の稜が立ち、長さ15cm、幅6cmほどです。果実の横断面が星形をしていることが英名の由来となっています。成熟すると果皮は黄色になり、ガラス質の光沢があります。半透明の果肉は多汁質で、シュウ酸由来の酸味があります。

人との関係

　果実を食用とします。熱帯から亜熱帯の世界各地で栽培され、日本でも沖縄県や宮崎県で栽培出荷されています。

☑ 有毒部位・成分
　食用とする果実にシュウ酸とカランボキシン（caramboxin）が多量に含まれます。

☑ 人への健康被害
　一般の方の場合、シュウ酸は腎臓でろ過され体外に排出されますが、腎臓の機能不全がある方の場合、腎毒性および神経毒性につながる可能性があります。カランボキシンは神経毒で、腎臓機能障害を持つ方の場合、精神的混乱、発作などを引き起こします。

☑ リスク低減
　腎臓機能が悪い方は絶対に食べないようにします。

147

トケイソウの仲間

学　名	*Passiflora*

英　名	passion flowers,

passion vines

原産地　熱帯・亜熱帯アメリカを
中心に、アジア、オーストラリア、太平
洋諸島に約 430 種が分布します。

開花期　主として初夏～秋で、
温度さえあれば周年開花します。

特　徴　巻きひげでよじ登る草本ま

トケイソウ

たは木本で、茎は長さ5 ～ 10m。花は腋生で、単生または総状花序につきます。
萼片と花弁はともに5 個あり、ほぼ同形。花弁の内側に糸状の副花冠があり、
ふつう多数の糸状体からなり、基部で合着することが多いです。果実は蒴果ま
たは液果で、種子は肉質多汁の仮種皮に包まれます。本書では、健康被害
の可能性が報告されている種を紹介していますが、他種にも同様の危険性が
あると考えてください。

栽培される主な種類

◆トケイソウ（*P. caerulea*）　英：blue passionflower
ブラジル～アルゼンチン原産。葉は掌状に5 深裂。花径 10cm。萼片、花弁
の内側は白色～桃紫色。多数の副花冠は糸状、基部は紫色、中間部は白色、
先端は青色。温暖地では戸外で越冬できます。

◆パッシフロラ・フォエティダ（*P. foetida*）

和：クサトケイソウ　英：love-in-a-mist, running pop, wild water lemon
熱帯アメリカ各地に広く分布。葉はふつう3 裂し、やや悪臭があります。花径
は4cm ほどで、腺毛のある苞が目立ちます。果実は長さ2cm ほどで、黄褐
色に熟して食用となります。温暖地では戸外で越冬できます。

◆チャボトケイソウ（*P. incarnata*）

英：may apple, wild apricot, wild passion vine

アメリカ合衆国東南部原産。葉は3深裂開します。花は径5〜7cmで、芳香があり、副花冠は先が波状になります。果実は卵形で径5〜7cm、黄色に熟し、食用となります。温暖地では戸外で越冬できます。

パッシフロラ・フォエティダ　　　　　　　　　　　　　チャボトケイソウ

和名トケイソウは、糸状の副花冠を時計盤に見立てたことに由来します。英名 passion flowers は「受難の花」を意味します。17世紀初めに南アメリカに渡ったスペイン人宣教師が本属の花を見て、十字架にはりつけられたキリストに見立てたことによります。すなわち、3裂した雌しべの柱頭が十字架にはりつけられたキリスト、5本の雄しべの葯は十字架で負った傷、ひげ状の副花冠が茨の冠、萼片と花弁がキリストを看取った10人の使徒（12使徒からキリストを裏切ったペテロとユダを除いた）、掌状の葉はキリストを刺した槍の穂先または迫害者の手、長い巻きひげはキリストを打った鞭と見なされました。

☑ **有毒部位・成分**
葉および未熟果に青酸配糖体が含まれます。

☑ **人への健康被害**
誤って葉や未熟果を食べると、胃腸障害を引き起こす可能性があります。

☑ **リスク低減**
掲載した3種は、いずれも暖地では戸外で越冬し、よく栽培されているので、子どもや認知障害がある人などに対しては注意が必要です。

ヤトロファの仲間

学　名	*Jatropha*
英　名	physic nut
原産地	主として北アメリカの熱帯、亜熱帯に 156 種が分布しています。
開花期	春〜秋
特　徴	低木または高木。葉はふつう掌状、または羽状に裂け、ときに全縁です。花は集散状につきます。果実は硬い蒴果です。

サンゴアブラギリ

栽培される主な種類

◆ナンヨウアブラギリ（*J. curcas*）

別：タイワンアブラギリ　英：Barbados nut, physic nut

タイワンアブラギリの果実

熱帯アメリカ原産。高さ 5m ほどの低木。石鹸や機械油の原料となります。樹液でシャボン玉ができるので「シャボン玉の木」とも呼ばれます。

◆テイキンザクラ（*J. integerrima*）

キューバ、西インド諸島原産。高さ 1 〜 4m になり、花は濃紅色。

◆サンゴアブラギリ（*J. podagrica*）

グアテマラ、パナマ原産。幹は多肉質で、基部が壺状に肥大します。

人との関係

　近年、タイワンアブラギリはバイオディーゼルの原料植物として注目され、精製した油は「ジャトロファ燃料」と呼ばれています。

☑ **有毒部位・成分**

種子には毒性の強いクルシン (curcin) というたんぱく質が含まれます。

☑ **人への健康被害**

誤って口にすると、吐き気、嘔吐、下痢を引き起こします。

☑ **リスク低減**

テイキンザクラ、サンゴアブラギリは温室植物として一般的なので注意します。

トウダイグサ科

キャッサバ

学　名	*Manihot esculenta*
異　名	*M. utilissima*
英　名	cassava, manioc, tapioca, yuca
原産地	ブラジル
開花期	ふつう、花はみられない
特　徴	高さ1〜3mになる低木。

'バリエガタ'

葉には長い葉柄があり、掌状に3〜7深裂します。地下部にイモ状の塊根をつくり、横に広がり円筒形です。塊根に含まれる青酸配糖体の濃度により、甘味種と苦味種に大別されます。園芸的には、葉に黄〜白色の斑紋が入る栽培品種の'バリエガタ'が、観葉植物として栽培されます。

人との関係

　世界の熱帯地域の主要作物として知られ、塊根のデンプンを利用し、菓子などに利用されるタピオカの原料として知られます。苦味種は有毒な青酸配糖体を高濃度で含んでいるので、水に晒して調理する必要がありますが、甘味種ではこの作業は必要ありません。

☑ 有毒部位・成分
　塊根に、青酸配糖体のリナマリン（linamarin）やロタウストラリン（lotaustralin）が苦味種で0.02〜0.04%、甘味種で0.007%含まれています。葉にもさまざまな有毒成分が含まれるとされます。

☑ 人への健康被害
　高濃度に青酸配糖体が含まれているものを食べると、腹痛、嘔吐、発汗が起こり、重度の場合、けいれんなどを引き起こします。

☑ リスク低減
　観葉植物の'バリエガタ'も、青酸配糖体が含まれますので興味本位で食さないようにします。

セイヨウオトギリソウ

学 名	*Hypericum perforatum*
英 名	St. John's wort
原産地	ヨーロッパ〜西アジア、北アフリカ
開花期	夏
特 徴	高さ 30 〜 60cm になる多年草

で、茎には 2 個の稜があります。葉には葉柄
がなく、長さ 1.5 〜 3cm ほどで、腺点が斑
点状に入ります。黄色の花は夏至の頃に咲き、
径 1.5 〜 3cm で、多数が集散花序につきます。

人との関係

中世ヨーロッパでは、悪魔を追い払う魔術
的力があると考えられていました。西洋では
セント・ジョーンズ・ワートの名でよく知られるハーブで、軽症から中程度の抑う
つなどに利用されます。

☑ 有毒部位・成分

全草に、暗赤色のアントラキノン系天然色素であるヒペリシン
(hypericin) が含まれます。

☑ 人への健康被害

日本では食品扱いで安易に使用されますが、多くの医薬品との相互
作用が知られます（水野, 2013）。抗HIV薬、強心薬、免疫抑制剤、気
管支拡張剤、血液凝固防止剤、経口避妊薬などとともに利用すると、
薬の効果が減少する可能性があるとされています（佐竹, 2012）。

☑ リスク低減

特に、妊娠中・授乳中の経口摂取は、危険性が示唆されており、摂取
は避けるべきです（佐竹, 2012）。

ミソハギ科

ザクロ

| 学　名 | *Punica granatum* |

| 英　名 | pomegranate |

| 原産地 | トルコ北東部〜パキス |
タン北部

| 開花・結実期 | 初夏・秋 |

| 特　徴 | 高さ 5 〜 6m になる |
小高木。枝には刺があります。花は
赤朱色で、径 3cm ほど。果実は径
7 〜 10cm ほど。秋になって熟すと、

花と果実

外側の厚く硬い果皮が不規則に裂け、赤く透明な粒状の多汁な果肉（仮種
皮）が多数現れ、食用にします。

人との関係

　果樹として有史前から栽培され、ブドウとともにもっとも人類との歴史がある果
樹です。日本には平安時代に渡来したといわれます。当初、日本では花を観
賞する目的で栽培され、果実は副次的に利用されていました。古代ヨーロッパ
では豊穣の、中国では子孫繁栄の象徴と考えられました。根皮、樹皮、果皮
を「石榴皮」と呼び、駆虫作用があり，条虫や回虫の虫下しに用います。

☑ 有毒部位・成分
　根、樹皮、果皮にアルカロイドのペレチエリン（pelletierine）、イソペレ
チエリン（isopelletierine）、プソイドペレチエリン（pseudopelletierine）
およびタンニンが含まれます。

☑ 人への健康被害
　有毒部位を口にすると、吐き気、嘔吐、下痢、腹痛、めまい、脱力感、
瞳孔拡散、かすみ目などを引き起こします。

☑ リスク低減
　果実を食するときには、果皮を食べないようにします。。

ルバーブ

和　名	ショクヨウダイオウ
別　名	マルバダイオウ
学　名	*Rheum rhabarbarum*
英　名	rhubarb
原産地	シベリア南部〜中国北部およ

び中央部

開花期	初夏〜夏
特　徴	大形の多年草。葉は多数が

根生します。葉身は心臓形または広卵形、長さ、幅ともに50cmほどで、葉縁は波状または縮れています。葉柄は多肉質で、長さ50cmほど、緑色または赤色を呈し、食用となります。

人との関係

　多肉質の葉柄部を食用とします。ジャムにしたり、表皮を向いて砂糖漬けにしたり、パイの具などにしたりします。

☑ 有毒部位・成分

　葉身にシュウ酸を含み、長期にわたって摂取すると、腎臓結石を引き起こします。葉柄部はシュウ酸含有量が少なく、問題になることはありません。また、根と根茎には下剤として用いられるアントラキノン配糖体が含まれます。

☑ 人への健康被害

　葉身の接種後に、胃痛、下痢、吐き気、嘔吐、腎臓損傷、まれに死亡例も報告されています。

☑ リスク低減

　自家菜園でジャムなどは簡単にできますが、葉身部が混入しないように注意しましょう。

ナデシコ科

ムギナデシコ

別　名	アグロステンマ、ムギセンノウ
学　名	*Agrostemma githago*
異　名	*Lychnis githago*
英　名	common corn-cockle, corncockle
原産地	地中海沿岸
開花期	春～初夏

特　徴　草丈 60 ～ 90cm の一年草。麦畑の雑草として知られています。対生する葉は線形。花は茎の先に 2 出散形花序につきます。蕾(つぼみ)は長い萼(がく)で包まれています。果実は蒴果(さくか)で、黒色の種子を多数含みます。一般には、花が大型で径 5 ～ 8cm になる栽培品種が栽培されます。こぼれ種がよく発芽します。

完熟果

人との関係

　花壇に植栽、切り花などに利用されています。

☑ 有毒部位・成分

　種子と葉にサポニンを含みます。

☑ 人への健康被害

　誤って口にしても、少量であれば問題ありません。摂取量が多いと、多量のよだれを流し、吐き気、嘔吐(おうと)、下痢を引き起こします。

☑ リスク低減

　花壇によく植栽されており、完熟した果実には種子がたくさん入っているので、子どもや認知障害がある人に対しては注意が必要です。

サボンソウ

学　名	*Saponaria officinalis*
英　名	bouncing-bet, common soapwort
原産地	ヨーロッパ、西アジア
開花期	初夏〜秋
特　徴	高さ 30 〜 70cm になる多

年草。葉は卵形〜卵状披針形、長さ5
〜10cm。花は1花序に3〜7個つきます。
花色は白色またはピンク色、花径は
1.5cm ほど。

人との関係

　属名 *Saponaria* は、ラテン語 sapo（石鹸）に由来し、本種の汁液が水に
浸出させると石鹸のように泡立つことに由来しています。ヨーロッパでは古くから
衣服の洗剤として利用し、紀元1世紀のギリシャの医師・薬理学者ディオスクリ
デスは、毛織物の洗濯に用いると記述しています。地下茎はサポナリア根といい、
去痰薬にします。

☑ **有毒部位・成分**
　全草にサポニンを含み、特に種子に多く含まれています。

☑ **人への健康被害**
　過剰摂取は、吐き気、下痢、および嘔吐を引き起こす可能性がありま
す。

☑ **リスク低減**
　一般的な園芸植物で、特に種子の誤食に注意する必要があり、子ど
もや認知症の方には手に触れないようにします。鳥にも影響があるの
で、花後には摘花に努め、果実をつけないようにします。

ジュズサンゴ

| 学　名 | *Rivina humilis* |

| 英　名 | pigeonberry, rouge plant, baby peppers, bloodberry |

原産地　北アメリカ南部、西インド諸島、中央アメリカ、熱帯南アメリカ

開花・結実期　温度があれば周年

特　徴　高さ 40 〜 120cm になる亜低木。葉は光沢のある濃緑色で、長さ 5 〜 10cm。白〜淡桃色の花は小さく径 3mm ほどで、15cm ほどの

果実

総状花序につきます。果実は光沢のある液果で、鮮紅色、径 5mm ほど。

人との関係

観賞用として温室などで栽培されています。

☑ **有毒部位・成分**

全草、特に葉、根、果実に含まれます。有毒成分は特定されていませんが、ヨウシュヤマゴボウ（p.64）とよく似た成分と推測されています。

☑ **人への健康被害**

吐き気、嘔吐、腹部けいれん、下痢を引き起こすことがあります。

☑ **リスク低減**

果実は一見すると美味しそうで、小鳥なども食べますが、誤って口にしないようにします。

オシロイバナ

学　名	*Mirabilis jalapa*
英　名	four o'clock flower, marvel of Peru
原産地	メキシコ〜ペルー
開花・結実期	夏〜秋・秋
特　徴	

果実

園芸上は一年草として扱われます。高さ 60 〜 100cm になり、よく分枝します。長さ 3 〜 5cm になる芳香のある花を散房花序につけます。花色は赤、桃、白、赤紫、黄、絞り、染分けと豊富です。花は午後 4 時過ぎに開花し始め、明け方には閉じ、英名four o'clock flower はこの現象に由来します。黒色の果実は径 7mm ほどの球形の痩果で、中に粉質の胚乳（p.32）を含みます。和名は、黒色の果実を押しつぶすと、白粉状の胚乳が出てくることに由来しています。園芸上は、果実は種子として扱われています。

人との関係

　古くから特徴ある果実を使って遊ぶなど、子どもたちに親しまれる植物です。

☑ 有毒部位・成分
　肥大した根、果実（種子）にアルカロイドのトリゴネリン (trigonelline) が含まれていますが、健康被害との因果関係は明らかではありません。

☑ 人への健康被害
　誤って食べると、激しい腹痛、嘔吐、下痢を引き起こします。

☑ リスク低減
　子どもたちが遊びに使うなど、身近な植物なので注意しましょう。

ムクロジ科トチノキ属

トチノキの仲間

学　名	*Aesculus*
英　名	buckeye, horse chestnut
原産地	ヨーロッパ南東部、インド、東

ベニバナトチノキ

アジア、北アメリカに 13 種が分布します。

開花・結実期	初夏・夏～秋
特　徴	落葉高木～低木。葉は 5 ～

9 葉からなる掌状複葉で、長い葉柄があります。初夏に、枝先の円錐花序に多数の花をつけます。果実は蒴果で、熟すと 3 裂し、中に 1 個の光沢のある種子を含みます。

栽培される主な種類

◆ベニバナトチノキ（*A.* × *carnea*）　英：red horse chestnut
高さ 10 ～ 25m になり、花は赤色で美しく、日本でも公園樹や街路樹に利用されます。

◆セイヨウトチノキ（*A. hippocastanum*）　英：common horse chestnut
ギリシア北部、ブルガリアなどの原産。フランス語名のマロニエ（marronnier）で知られます。高さ 35m ほどになり、夏涼しい地域で街路樹に利用されます。

◆トチノキ（*A. turbinata*）　英：Japanese horse chestnut
北海道、本州、四国、九州原産。高さ 30m になり、特に東北地方によくみられます。

人との関係
トチノキはとち餅の原料、建築用材、装飾材、セイヨウトチノキは痔の治療薬として知られます。

☑ 有毒部位・成分
種子、芽、葉にエスクリン（esculin）、エスシン（escin）などを含みます。
☑ 人への健康被害
種子を十分に水に晒さず食すと、吐き気、しびれ、麻痺などを引き起こします。
☑ リスク低減
好奇心で食さないようにします。

トチノキの果実と種子

レイシ

別　名	ライチ
学　名	*Litchi chinensis*
英　名	Lychee
原産地	中国南東部〜南西部
開花・結実期	春・夏

果実

特　徴　高さ 12 〜 20 m になる常緑の高木。雌雄同株。黄緑色〜緑白色の花は花弁がなく、小さく、円錐花序に密につきます。1 花序に多数の花がつき、1 花序に数十個が結実します。果実は球形で、直径 3 〜 4cm。果皮は薄く、革質で、亀甲状の斑紋があり、緑紅色〜濃紅色、朱色などとさまざまです。多汁質の仮種皮は半透明で、食用となります。種子は 1 〜 2 個で、長楕円形、黒褐色で、光沢があります。

人との関係

　唐の玄宗皇帝（685 〜 762 年）が寵愛した楊貴妃（719 〜 756 年）は、レイシをとても好んでいました。玄宗皇帝は産地の福建省から長安まで騎馬を遣わせ、約 1300km を 8 日 8 晩でレイシを運ばせた逸話は有名です。

☑ 有毒部位・成分

　種子、仮種皮（特に未熟果）に、低血糖症を引き起す有毒成分ヒポグリシンA（hypoglycin）が含まれます。

☑ 人への健康被害

　インドやバングラデシュの貧困層の幼児や子どもが、空腹を満たすために長期にわたって未熟果を食べ、低血糖から脳炎に至る死亡例が多発しています。

☑ リスク低減

種子や未熟果は食べず、完熟果も食べ過ぎないこと。

ツリフネソウ科ツリフネソウ属

ホウセンカの仲間

| 学　名 | *Impatiens* |

学　名　*Impatiens*

英　名　impatiens, jewelweed, touch-me-not, snapweed

原産地　北半球の熱帯～温帯に約 1,000 種が分布します。

ホウセンカ

開花期　春～秋

特　徴　一年草～多年草。花には萼片が癒合した距があります。成熟した果実に触れると、裂開して種子が飛散します。

アフリカホウセンカ

栽培される主な種類

◆ホウセンカ（*I. balsamina*）

英：garden balsam, garden jewelweed, rose balsam, touch-me-not
インド、中国南部原産。草丈 70cm ほどになる一年草。

◆アフリカホウセンカ（*I. walleriana*）　英：busy lizzie, balsam, impatiens
タンザニア～モザンビーク原産。インパチエンスの名で知られ、花壇や鉢植えに多用されています。草丈、花色など多様な多数の栽培品種があり、八重咲きも知られます。

人との関係

ホウセンカの種子は「急性子」と呼び、魚肉中毒の解毒などに用います。

☑ **有毒部位・成分**
　全草が有毒とされ、ヘリナル酸、インパティニド、シュウ酸カルシウム（calcium oxalate）が含まれますが、詳細は不明です。

☑ **人への健康被害**
　誤って口にすると、嘔吐、胃腸炎を引き起こします。

☑ **リスク低減**
　ホウセンカなどは強い苦味がありますが、アフリカホウセンカは苦くないので、幼児やペットなどには注意が必要です。ツリフネソウも有毒です。

シクラメンの仲間

学　名	*Cyclamen*
英　名	alpine violet, Persian violet, sowbread

原産地　ヨーロッパ、地中海沿岸〜イラン、ソマリア北東部に22〜23種が分布します。

開花期　冬〜秋

特　徴　地下に塊茎（かいけい）を持つ多年草。葉は根出（こんしゅつ）し、長い葉柄（ようへい）があります。花は花茎（かけい）頂部に単生します。花冠（かかん）は5裂し、裂片は開花時には上に反（そり）返（かえ）ります。

シクラメン

栽培される主な種類

◆シクラメン（*C. persicum*）　英：florist's cyclamen

ギリシア〜トルコ、キプロス島、レバノンの原産。19世紀にはヨーロッパで改良が重ねられ、多くの栽培品種が作成されました。日本では冬の鉢花として定着しています。原種には強い芳香があります。また、冬の花壇を彩る耐寒性の強いガーデン・シクラメンがよく利用されています。

近年、以下のような野生種が「原種シクラメン」として流通・栽培されています。なお、すべての野生種はワシントン条約により国際取引が禁止されています。

◆シクラメン・コウム（*C. coum*）

ブルガリア、トルコの地球海沿岸などの原産。花は冬〜早春にかけて咲き、径1.5cmほどで、小さくずんぐりしています。

◆シクラメン・ヘデリフォリウム（*C. hederifolium*）　英：ivy-leaved cyclamen

南ヨーロッパから小アジア西部の原産。花は主に葉が生じる前の晩夏から秋に咲きます。花は長さ2.5cmほどで、裂片基部には耳たぶ状突起があります。

◆シクラメン・プルプラスケンス（*C. purpurascens*）　英：European cyclamen

中央・南ヨーロッパ原産。花は長さ1.5cmほどで、夏から秋に開花します。よ

い香りがあることで知られます。

◆シクラメン・レパンドゥム（*C. repandum*）

ヨーロッパ南部、地中海の島々原産。花は長さ3cmほどで、晩春に咲きます。

人との関係

ヨーロッパでは中世までは下剤として利用されていました。

シクラメン・コウム

シクラメン・ヘデリフォリウム

シクラメン・プルプラスケンス

シクラメン・レパンドゥム

☑ 有毒部位・成分

　全草、特に塊茎にサポニン配糖体のシクラミン（cyclamin）などを含みます。シクラミンは赤血球を破壊する作用があります。

☑ 人への健康被害

　誤って口にすると、嘔吐、下痢、胃腸障害、けいれん、麻痺などを引き起こす可能性があります。汁液により、接触皮膚炎を引き起こすことがあります。

☑ リスク低減

　身近に栽培されていますが、幼児などの手の届かない場所で管理するようにします。

シクラメンの塊茎

カルミア

学　名	*Kalmia latifolia*
英　名	calico-bush,
	mountain-laurel, spoonwood
原産地	北アメリカ東部
開花期	春〜初夏
特　徴	高さ1〜10mになる常緑低木。

5月頃、枝先の集散花序に径2cmほどの花を多数つけます。花は杯状で、先は5裂し、内側基部に紅〜紫紅色の斑点が入ります。蕾は金平糖のようです。

人との関係

　庭園樹のほか、切枝としても利用されています。日本には大正時代に導入されました。

☑ 有毒部位・成分

　全株、特に葉、花と花蜜に、ツツジ科特有の有毒成分ジテルペンのグラヤノトキシン類（grayanotoxin）を含みます。本種を蜜源とした蜂蜜にもグラヤノトキシン類が含まれます。本属のすべての種が有毒で、放牧した羊によく中毒を起こすため、近縁種のカルミア・アングスティファリア（*K. angustifolia*）の英名は lambkill（羊殺し）です。

☑ 人への健康被害

　誤って口にすると、口内が激しく痛み、数時間後には、多量のよだれ、腹痛などを引き起こします。多量に摂取すると、心拍数と血圧が低下し、呼吸困難、全身麻痺、昏睡にいたります。

☑ リスク低減

　切り枝として室内で利用する場合は、幼児やペットなどが触れない場所で管理するようにします。

ツツジ科

アセビ

学　名	*Pieris japonica*
英　名	lily-of-the-valley bush
原産地	本州、四国、九州
開花期	春

特　微　高さ1〜3mになる常緑低木。4月頃に枝先に垂れ下がる円錐花序（えんすいかじょ）をつけ、多数の花をつけます。花は長さ7mmほどと小さく、スズランのような壺形で、下向きに咲きます。栽培品種の'クリスマス・チア'はピンク色の花を咲かせます。

'クリスマス・チア'

人との関係　後述するように、有毒成分を含むため、古くは茎や葉を家畜の寄生虫、ウジ、農作物の害虫駆除に用いていました。「馬酔木」は本属の中国名で、ウマなどがアセビの葉を食して酔ったようにふらつく様子に由来しています。奈良の春日大社（かすが）などにはアセビの古木が残っていますが、これはシカが食さないことによります。実際に、ウマがアセビを食べるかは疑問ですが、ヒツジやヤギでは中毒事例があります。

☑ **有毒部位・成分**
　特に葉、花と花蜜に、ツツジ科特有の有毒成分ジテルペンのグラヤノトキシン類（grayanotoxin）を含みます。

☑ **人への健康被害**
　誤って口にすると、口内が激しく痛み、数時間後には、吐き気、嘔吐（おうと）、視覚障害、脈拍数・血圧低下、手足のしびれ、運動失調、けいれんなどを引き起こします。

☑ **リスク低減**
　切り枝として室内で利用する場合は、幼児やペットなどが触れない場所で管理するようにします。

ツツジ・シャクナゲの仲間

学　名	*Rhododendron*
英　名	azalea, rhododendron
原産地	

北半球の温帯地域、特に中国南西部〜ヒマラヤを中心に、約 1,000 種が分布します。

| 開花期 | 春〜初夏 |

特　徴　花は枝先にふつう散形状にまとまって咲き、漏斗状、鐘状、筒状で、先は 5 裂します。ツツジと総称されるものは主

アザレア

に落葉性または半落葉性で、シャクナゲと総称されるものは常緑性で葉には光沢があり、花が枝先にまとまって多数つくとされますが、例外もあります。

栽培される主な種類

＜ツツジの仲間＞

◆レンゲツツジ（*R. molle* subsp. *japonicum*）

本州、四国、九州の原産。高さ 1 〜 2m になる常緑低木。5 〜 6 月、新葉に先だって枝先に総状花序を出し、2 〜 8 個の花をつけます。花色は朱橙。花色が黄のものを品種キレンゲツツジ（f. *flavum*）と呼びます。

◆アザレア（*R.* Belgian Indian Group）

ヨーロッパで品種改良された温室促成栽培用の鉢物の栽培品種群です。主にベルギーで改良されたベルジアンアザレアを、日本では「アザレア」と称しています。

＜シャクナゲの仲間＞

◆ホンシャクナゲ（*R. japonoheptamerum* var. *hondoense*）

本州（新潟県以西）、四国中北部原産。4 〜 5 月に、1 花序に 10 〜 15 花をつけます。

◆セイヨウシャクナゲ（*R.* cvs.）

17 世紀にイギリスで品種改良が始まり、19 〜 20 世紀には中国奥地やヒマラヤで新種が発見されたことから、品種改良が進みました。多数の栽培品種が知られます。

人との関係　　庭園樹、鉢物としてよく利用されています。

キレンゲツツジ

ホンシャクナゲ

セイヨウシャクナゲ '火祭'

☑ **有毒部位・成分**

　全株、特に葉と花蜜に、ツツジ科特有の有毒成分ジテルペンのグラヤノトキシン類（grayanotoxin）を含みます。

☑ **人への健康被害**

　誤って口にすると、嘔吐、下痢、腹痛を、まれにめまい、血圧・心拍数の低下を引き起こします。蜜源とした蜂蜜にもグラヤノトキシン類が含まれ、これまでにトルコ黒海沿岸やネパール高原地帯で採取された蜂蜜による健康被害が報告されています。

☑ **リスク低減**

　子どもたちが花蜜を吸う遊びがありますが、特にレンゲツツジの花蜜には有毒成分が多く含まれているので、行わないようにします。ペットへの健康被害も報告されています（O'Kane, 2009）。

ヤエヤマアオキ

果実

学　名	*Gyrochthodes citrina*
異　名	*Morinda citrifolia*
英　名	Indian mulberry
原産地	熱帯アジア
開花・結実期	ほぼ周年
特　徴	高さ6mになる常緑低木。花は白色。果実は集合果で、長さ5〜

8cmの卵形、内部は空洞となっています。最初は緑色で、やがて黄色になり、完熟すると白色になります。

人との関係

　材や樹皮は黄色染料に、根は赤色染料に利用されています。ハワイではノニ（noni）と呼ばれ、この果汁を原料としたジュースはノニジュースと呼ばれ、健康食品として販売されています。果実には特有のにおいがあるため、グレープフルーツやブルーベリーの果汁などを少量添加しています。ノニジュースは、糖尿病、高血圧、免疫力の強化、心臓病、ガン予防などの効果があるといわれていますが、科学的根拠はないようです。また、日本では葉を茶として販売しています。

☑ 有毒部位・成分

　ノニジュースによる肝臓障害は、アントラキノン類（anthraquinone）が関与していると推定されていますが、明確な因果関係は明らかではありません。

☑ 人への健康被害

　62才女性（肝臓病の既往症なし）が、ノニジュースを1日3リットル3か月間摂取して急性肝炎を発症したとの報告があります（Stadlbauerら, 2005）。

☑ リスク低減

　健康食品については、過大な期待をして多量に摂取しない方がよいでしょう。

アデニウム

学　名	*Adenium obesum*
英　名	mock azalea, impala lily, desert rose
原産地	東アフリカ～アラビア半島南部
開花期	初夏～秋
特　徴	高さ1～3mになる低木。

幹の基部は壺状に膨らむため、多肉植物として扱われます。葉は濃緑色で光沢があります。花は頂生の密な集散花序につきます。花冠は先が5裂し、径5～7cm、桃赤色で、喉部は淡桃色。茎葉を傷つけると、ラテックスと呼ばれる乳液が出ます。

人との関係

　熱帯圏では庭園や公園などによく植えられています。日本では鉢物として流通しています。

☑ 有毒部位・成分

　全株に、ジギタリス (p.80) に似た30種類ほどの強心配糖体を含みます。

☑ 人への健康被害

　人への健康被害の報告はありませんが、誤って植物体やラテックスと呼ばれる乳液を口にすると、摂取6時間後には、口内の痛み、腹痛、吐き気、嘔吐、下痢、視力障害、心拍の異常を引き起こす可能性があります。

☑ リスク低減

　日本では室内で栽培されることが多いため、幼児などの手の届かない場所で管理するようにします。

キバナキョウチクトウ

学　名	*Cascabela thevetia*
異　名	*Thevetia peruviana*
英　名	yellow oleander
原産地	メキシコ〜熱帯南アメリカ
開花期	温度が十分であればほぼ周年
特　徴	高さ8mほどになる小低木。

葉は線形で、光沢があり、長さ15cmほど、中央脈が目立ちます。花には芳香があり、半開し、黄色、ときに橙黄色〜黄桃色、径3〜4cm。

人との関係

　沖縄などでは街路樹、公園樹、庭木などによく植栽されています。樹皮を駆風薬（腸管内にたまったガスを排出させる薬剤）、下剤、催吐剤に使用されます。

☑ 有毒部位・成分

　全株、白色の汁液、特に種子に強心配糖体のテベチンA（thevetin A）、テベチンB（thevetin B）、ペルボシド（peruvoside）、ネリイフォリン（neriifolin）などを含みます。

☑ 人への健康被害

　誤って口にすると、吐き気、嘔吐、腹痛、めまい、頭痛、低血圧、不整脈、錯乱、けいれんなどを引き起こし、重篤な場合は死に至ることもあります。

☑ リスク低減

　キョウチクトウ（p.70）を参考にしてください。

キョウチクトウ科

トウワタ

学　名	*Asclepias curassavica*
英　名	bloodflower, Mexican butterfly weed, scarlet milkweed, swallow wort
原産地	南アメリカ
開花期	春～夏
特　徴	高さ1mほどになる多年草～亜低木。

冠毛を持つ種子

花は頂生または腋生の集散花序につきます。花色はふつう濃橙赤で、黄、白のものもあります。果実は紡錘形で、熟すと裂開し、綿のような冠毛を持つ種子を含みます。茎葉を傷つけると、ラテックスと呼ばれる乳液を出します。北アメリカで渡りをする蝶・オオカバマダラの幼虫の食草としても有名です。奄美大島でも、野生化したトウワタはカバマダラの食草となっています（植松, 1997）。

人との関係

　葉は駆虫薬、発汗薬、去痰薬に、根は催吐作用を示し、アカネ科のトコン（*Carapichea ipecacuanha*）の根を乾燥させた生薬である「吐根」の代用とします。花壇などに植えられています。熱帯各地で雑草化しています。

☑ 有毒部位・成分
　全草、特に乳液に強心配糖体であるアスクレピアジン（asclepiadine）などを含みます。

☑ 人への健康被害
　誤って口にすると、嘔吐、けいれん、不整脈を引き起こします。乳液がついた手で目をこすると、角膜炎を引き起こします。

☑ リスク低減
　園芸作業を行う際には、手袋の着用をし、作業終了後はよく手洗いするとよいでしょう。フウセントウワタ（p.178）も同様の有毒性を示すとされます。

ニチニチソウ

別　名	ビンカ
学　名	*Catharanthus roseus*
異　名	*Vinca rosea*
英　名	Madagascar periwinkle
原産地	マダガスカル
開花期	初夏〜晩秋
特　徴	高さ50cmほどになる多

年草ですが、日本では越冬できないため、園芸上は一年草として扱っています。花は葉腋に単生します。花は筒状で、径は3cmほどです。

人との関係

　花壇やコンテナなどに広く栽培されています。開花時期の全草を天日で乾燥したものは生薬の「長春花」で、抗腫瘍薬の原料とされますが、毒性が強く、専門医の処方が必要です。近年では、ニチニチソウが、抗腫瘍薬や抗ガン剤の原料として最も有望視されているとの報告があります（Roepkeら, 2010）。

☑ 有毒部位・成分

　全草に、コルヒチン（colchicine）に似た作用のビンカアルカロイド（vinca alkaloids）と総称されるビンクリスチン（vincristine）、ビンドリン（vindoline）、ビンブラスチン（vinblastine）などを含みます。

☑ 人への健康被害

　誤って口にすると、口内の激しい痛み、嘔吐とともに、激しい腹痛と下痢、麻痺を引き起こします。

☑ リスク低減

　極めて身近なガーデニング素材ですが、幼児などの手の届かない場所で管理するようにします。最近の研究では、近縁属のツルニチニチソウ（*Vinca major*）は、無毒であるとされています。

ミフクラギの仲間

学　名	*Cerbera*

ミフクラギの果実

原産地	熱帯アジア、マダガスカル、セーシェル、

オーストラリア、太平洋諸島西部に4種が分布します。

開花・結実期	冬～春・春～夏

特　徴	高さ6 ～ 16m になる常緑の低木～高木で、主に海岸に生えて

います。花は高盆形で、先は5裂します。果実は核果（石果）です。

栽培される主な種類

◆ミフクラギ（*C. manghas*）　別：オキナワキョウチクトウ　英：sea mango
セーシェル～太平洋諸島原産。高さ6m ほどになります。白色の花は径5cm
ほど。沖縄では一般的な防風林です。

◆オオミフクラギ（*C. odollam*）　英：suicide tree
インド～大西洋諸島原産。高さ10 ～ 16m になります。

人との関係

　ミフクラギ（目脹ら木）の名の由来は、乳液が目に入ると目が腫れることに由来しています。ミフクラギの種子の毒を用いて、かつては毒流し漁に用い、また殺鼠剤としても使用されていました。オオミフクラギの英名は、その毒性の強さから「自殺の木」を意味しています。

☑ 有毒部位・成分
　全株、特に種子にケルベリン（cerberin）などのアルカロイドの配糖体を含みます。

☑ 人への健康被害
　誤って口にすると、吐き気、嘔吐、下痢、麻痺などを引き起こし、ひどい場合は、心拍が不安定になり、呼吸困難に陥って死に至ります。

☑ リスク低減
　種子は繊維質で覆われ、乾燥したものを室内装飾などに利用することがあり、注意が必要です。ペットへの健康被害も報告されています（O'Kane, 2009）。

ワイルド・アマランダ

学 名	*Pentalinon luteum*
異 名	*Urechites luteus*
英 名	hammock viper's-tail,

wild allamanda, yellow mandevilla

原産地　フロリダ州南部、西インド諸島のマングローブ内または沿岸部

開花期　初夏〜秋

特 徴　巻きつき茎でよじ登るつる植物で、茎は1〜4m。葉は長楕円形〜円形で、光沢があります。花は漏斗形。花径は5〜7cmほどで、鮮やかな黄色。

人との関係

日本には2004年頃に導入され、鉢花として利用されています。

☑ 有毒部位・成分

葉および白色の汁液に、ジギタリス (p.80) に類似の強心配糖体ウレキトキシン (Urechitoxin) を含みます。

☑ 人への健康被害

観賞用として利用された歴史が短いので、人に対する臨床報告が少ないのが現状です。動物による臨床報告により、誤って口にすると、徐脈、不整脈を引き起こす可能性が推測されます。

☑ リスク低減

茎の切り口から出る汁液は有毒で、皮膚につかないように注意しましょう。

プルメリアの仲間

学　名	*Plumeria*
英　名	frangipani
原産地	熱帯アメリカに8種が分布します。
開花期	春〜秋
特　徴	低木〜小高木。葉は大きく、羽

プルメリア・ルブラ

状脈が目立ちます。高盆形の花はロウ質の光沢があります。茎葉を傷つけると、ラテックスと呼ばれる乳液を出します。

栽培される主な種類

◆プルメリア・オブツサ（*P. obtusa*）　英：Singapore plumeria

大アンティル諸島、中央アメリカ原産。芳香のある花は白色で、喉部は黄色みを帯び、径7cm ほどです。

◆プルメリア・ルブラ（*P. rubra*）　和：インドソケイ　英：red frangipani

メキシコ〜パナマ原産。花には芳香があります。多くの栽培品種が知られ、花色は赤、ピンク、黄、白など。

人との関係

熱帯各地で観賞樹として広く栽培されています。プルメリア・ルブラは、ハワイやタヒチではレイに利用されています。熱帯圏では、乾燥させた枝を用いた挿し穂が土産として販売されています。

☑ 有毒部位・成分

樹皮にはさまざまなイリドイド（iridoid）を含みます。乳液にはプルメリシン（plumericin）、プルミエリド（plumieride）などを含みます。

☑ 人への健康被害

誤って口にすると、口内の痛み、下痢を引き起こします。乳液により皮膚炎を生じます。

☑ リスク低減

熱帯圏で土産にされる挿し穂は、幼児などの手の届かない場所で管理するようにします。花のレイは長期間身につけない方がよいでしょう。

サンユウカ

学　名	*Tabernaemontana divaricata*
異　名	*Ervatamia divaricata*
英　名	Adam's apple, crape jasmine, carnation of India, Indian rosebay
原産地	インド北部〜中国・雲南省、タイ北部
開花期	温度さえあればほぼ周年

ヤエサンユウカ

サンユウカ

特　徴　高さ1〜3mになる常緑低木。長楕円形の葉には光沢があります。花は腋生または頂生の集散花序につきます。花はクチナシに似ており、夜間に芳香を放ちます。茎葉を傷つけると、ラテックスと呼ばれる乳液を出します。八重咲きの栽培品種のヤエサンユウカがよく栽培されます。

人との関係

　鉢物として利用されています。熱帯圏では庭木としてよく栽培されています。インドネシア・スマトラ西部のムンタワイ諸島では、矢毒として利用されます。

☑ 有毒部位・成分
　樹皮と根に、インドールアルカロイド（indole alkaloids）のタベルネモンタニン（tabernaemontanine）などを含みます。

☑ 人への健康被害
　誤って口にすると、胃腸障害を引き起こします。乳液により皮膚炎が生じます。

☑ リスク低減
　園芸作業を行う際は、手袋の着用をし、作業終了後はよく手洗いするとよいでしょう。

ストロファンツスの仲間

| 学　名 | *Strophanthus* |

原産地　熱帯アフリカ～南アフリカ、熱帯アジアに約 38 種が分布しています。

開花期　主として初夏～秋

特　徴　低木またはつる植物。花は頂生_{ちょうせい}または腋生_{えきせい}の集散花序_{しゅうさんかじょ}につきます。しばしば花の裂片の先がひも状に伸びてよじれます。

栽培される主な種類

◆ストロファンツス・ディバリカツス（*S. divaricatus*）

中国西南部、ベトナム、ラオス原産。花は黄色で、裂片先はひも状に伸び、長さ 4 ～ 10cm。

◆ストロファンツス・グラツス（*S. gratus*）

和：ニオイキンリュウカ　英：climbing oleander

熱帯西アフリカ原産。花は径 5cm ほどで、芳香があり、白色～桃色。

人との関係

　ストロファンツス・グラツスの種子に含まれる G-ストロファンチン（g-strophanthin）は、ウアバイン（ouabain）とも呼ばれ、強心剤として利用されます。また、アフリカ圏では矢毒に用いられます（p.15）。

- - - - - - - - - - - - - - - - - - - -

☑ **有毒部位・成分**

　全株、特に種子に強心配糖体のジバリコシド（divaricoside）、ジボストロシド（divostroside）、ストロファンチン（strophanthin）などを含みます。

☑ **人への健康被害**

　誤って口にすると、吐き気、嘔吐_{おうと}、腹痛、めまい、不整脈、錯乱、けいれん、昏睡_{こんすい}を引き起こし、死亡例もあります。

☑ **リスク低減**

　キョウチクトウ（p.70）を参考。

フウセントウワタ

学 名	*Gomphocarpus fruticosus*
原産地	南アフリカ
開花・結実期	夏・秋〜冬
特 徴	高さ1〜2mになる亜低木。

上部の葉腋に小さな白花を密につけます。果実は卵形で、長さ6cmほど、わずかに湾曲し、先が尖り、毛状の突起が生じます。切り口より白色の乳液を出します。近縁種のゴンフォカルプス・フィソカルプス（*G. physocarpus*）の果実は、ほぼ球形で、湾曲せず、先も尖らないことで区別できます。本種と同様の毒性があり、ともにフウセントウワタと呼ばれます。

人との関係

　庭木として利用されます。日本には江戸時代初期には渡来していたと考えられ、水野元勝（生没年不詳）の『花壇綱目』（1681年）や、貝原益軒（1630〜1714）の『大和本草』（1709年）などに記述されています。

☑ 有毒部位・成分

　全株、特に花や種子に、キノリジジン系のアルカロイドであるシチシン（cytisine）、スパルテイン（sparteine）などを含みます。

☑ 人への健康被害

　シチシンの分子構造はニコチン（nicotine）と類似することから、ニコチン中毒とよく似た症状を引き起こします。誤って口にすると胃腸障害を引き起こします。未熟果を大量に摂取すると、腹痛、歩行困難、しびれを引き起こします。

☑ リスク低減

　未熟果はインゲンマメに似ているので注意します。

ムラサキ科ヒレハリソウ属

コンフリーの仲間

ヒレハリソウとその葉

学　名	*Symphytum*
英　名	comfrey
原産地	地中海沿岸〜コーカサスに約

35 種が分布します。

開花期	夏
特　徴	多年草。葉には根出葉と茎葉があります。

筒状の花は集散花序につきます。コンフリーと呼ばれて
いるものは、栽培されることが多いヒレハリソウとともに、
オオハリソウ（*S. asperum*）、両種の交雑種が含まれます。

栽培される主な種類

◆ヒレハリソウ（*S. officinale*）　英：common comfrey, true comfrey

ヨーロッパ、小アジア、シベリア原産。高さ 30 〜 40cm ほどの多年草。茎葉は無柄で、
葉縁には鋸歯がなく、基部は翼となり茎に沿下します。花は白〜紫色で、下向きに咲きます。

人との関係

　1960 〜 70 年代に、健康野菜として注目されましたが、後述する有毒成分が
含まれていることがわかり、2004 年には食品としての販売は禁止されています。

☑ 有毒部位・成分

　全草、特に葉と根に、ピロリジジンアルカロイド（pyrrolizidine
alkaloids）のエチミジン（echimidine）が含まれます。

☑ 人への健康被害

　長期間、大量に摂取すると肝障害を引き起こし、海外では肝静脈閉塞性
疾患などの健康被害が多数報告され、特に乳児は感受性が高いとされます。

☑ リスク低減

　食用としないようにします。また、コンフリーの健康被害にも注意が
必要ですが、ジギタリスをコンフリーの葉と間違えて食したことによる中
毒事故が多発しています（p.81）。

アサガオの仲間

学 名	*Ipomoea*
英 名	morning glory
原産地	世界の熱帯・温暖地

に約 650 種が分布します。

開花期	主に夏
特 徴	つる性の草本。葉は

互生し、全縁または切れ込みがあります。茎がつるになって他物に巻きつきます。花は腋生で、単生します。花形は漏斗形で、先は 5 裂しています。

アサガオ 'ベニチドリ'

栽培される主な種類

◆アサガオ（*I. nil* ／異：*Pharbitis nil*）

英：Japanese morning glory

中国南部〜東南アジア原産とされていますが、詳細は不明です。一年草のつる性植物。漏斗形の花には、すじ状の模様が入ります。果実は蒴果で、3 室に分かれ、6 個の種子を含みます。日本には、奈良時代末期に遣唐使がその種子を薬用植物として導入したのが始まりです。種子は「牽牛子」と呼ばれ、奈良時代、平安時代には薬用植物として扱われていました。観賞用としての栽培が一般的になったのは、江戸時代以降とされます。

◆マルバアサガオ（*I. purpurea* ／異：*Pharbitis purpurea*）

英：common morning glory

熱帯アメリカ原産で、メキシコではないかとされます。葉はふつう卵状心臓形で、いわゆる丸葉です。日本には明治時代に導入されたとされ、耐寒性が強く、日本では冷涼な中部地方飛騨山地や東北地方でも栽培されています。

◆ソライロアサガオ（*I. tricolor*）

英：blue morning glory

メキシコ、中央アメリカ原産。他種とは蒴果が 2 室に分かれ、種子が 4 個であることから区別できます。栽培品種'ヘブンリー・ブルー'が有名です。

人との関係

　江戸時代の文化・文政年間（1804 ～ 30）および嘉永・安政年間（1848
～ 60）に、アサガオの栽培ブームは頂点に達しました。花や葉が奇形化したア
サガオを「変化アサガオ」と称し、文化・文政年間から明治時代初期まで各地
で流行しました。その後散逸しましたが、近年、愛好家により大切に保存されて
います。鉢物や、フェンスなどに絡ませて観賞用によく栽培されています。種子
の「牽牛子」は下剤などに用いられる生薬で、駆虫作用も認められています。

マルバアサガオ

ソライロアサガオ‘ヘブンリー・ブルー’

☑ 有毒部位・成分

　種子に、配糖体のファルビチン（pharbitin）、コンボルブリン
（convolvulin）を含み、ともに腹痛を伴って排便を促す効果があります。
ソライロアサガオの種子には麦角アルカロイドと幻覚成分が含まれます
（p.182）。

☑ 人への健康被害

　誤って口にすると、腹痛、下痢、嘔吐などを引き起こします。種子1～
2個で、下痢、腹痛が起きるとされ、大人では0.3g（約7個）で強い排便
を促す作用があります（日本中毒情報センター）。

☑ リスク低減

　幼稚園や小学校などでは、タネ採りをすることがありますが、子ども
が誤って口にしないように注意します。

オオバアサガオ

別　名	ギンヨウアサガオ
学　名	*Argyreia nervosa*
英　名	small wood rose, woodly morning glory
原産地	インド北部
開花期	主として夏
特　徴	巻きつき茎でよじ登る植

物。茎は長さ10m以上になります。葉は心臓形で、長さ18 ～ 27cm、表面は無毛で緑色、裏面は白色軟毛で覆われています。萼片は卵形で、花柄とともにビロード毛で覆われます。花は漏斗形、周辺が淡紫色で、喉部は濃く、径5 ～ 6.5cmほど。

人との関係

　原産地のインドでは古代より植物性顕神薬（エンテオゲン）として用いられていました。多くは大型温室内に地植えまたは鉢植えされ、沖縄などでは戸外で栽培または野生化しています。

☑ 有毒部位・成分

　種子には共生関係のある菌類が生産する麦角アルカロイドが含まれています。また、幻覚剤のリゼルグ酸アミド（d-lysergic acid amide）も含まれ、ソライロアサガオ（p.180）も同様です。

☑ 人への健康被害

　幻覚剤の効果があることが報告され、乱用により脳障害をおこし、精神病症状や自殺傾向を生じるとの報告があります。

☑ リスク低減

　種子は子どもや認知症の方の手が触れないようにします。

ナス科バンマツリ属

ニオイバンマツリの仲間

ニオイバンマツリ

学　名	*Brunfelsia*
原産地	熱帯アメリカに46種が分布します。
開花期	温度があれば周年
特　徴	常緑の低木〜高木。葉は集散花

序につくか単生し、ときに芳香があります。花は漏斗状で、先は5裂します。

栽培される主な種類

◆ニオイバンマツリ（*B. latifolia*）　英：yesterday-today-and tomorrow tree
ブラジル南部〜パラグアイ、アルゼンチン原産。高さ3mほどになります。花の喉部には白色輪があり、径4〜4.5cmほど。花色は、初め紫で、後に白になり、英名はこの花色の変化に由来しています。特に夜間に芳香を放ちます。

◆ブルンフェルシア・パウキフロラ（*B. pauciflora* ／異：*B. calycina*）
ブラジル原産。花径は5cmと前種に比べて大きく、耐寒性が弱く、温室で栽培されます。

人との関係

ニオイバンマツリは、日本の温暖地では戸外でも越冬するため、近年ガーデニング素材として人気が高くなっています。

☑ **有毒部位・成分**
　全株、特に果実に有毒なブルンフェルサミジン（brunfelsamidine）などを含みます。

☑ **人への健康被害**
　誤って口にすると、大量のよだれが出て、嘔吐、下痢、心拍数、呼吸数の低下、視覚障害を引き起こします。特に子どもには重大な健康被害を招く可能性があり、また、イヌの事故が多いとされます（Spainhour, 1990）。

☑ **リスク低減**
　幼児などの手の届かない場所で管理するように、イヌは近づかせないようにします。

タバコの仲間

学　名	*Nicotiana*
英　名	tobacco plants
原産地	アメリカ、太平洋諸島南部、

オーストラリア、アフリカ南西部の熱帯、亜
熱帯に 78 種が分布します。

開花期	主に初夏〜秋

ハナタバコ

特　徴	一年草または多年草。園芸上は、一年草として扱うことが多い

です。花は高盆状〜筒状で、多くは頂生の総状花序につきます。

栽培される主な種類

◆ハナタバコ（*N.* × *sanderi*）

別：シュッコンタバコ　英：flowering tobacco

ニコチアナ・アラタ（*N. alata*）とニコチアナ・フォルゲティアナ（*N. forgetiana*）
との交雑により作出された栽培品種群。葉や茎は粘つきます。花は高盆状で、
花色は白、淡黄、赤、ピンク、紫赤など。

◆キダチタバコ（*N. glauca*）　英：tree tobacco

ボリビア南部〜アルゼンチン北部原産。高さ 2m ほどになり、葉や茎に柔毛が
ありません。

◆ニコチアナ・ラングスドルフィー（*N. langsdorffii*）

ブラジル原産。高さ 1.5m ほどになります。筒状の花は薄黄色で、長さ 2.5cm
ほど。

◆ニコチアナ・シルベストリス（*N. sylvestris*）

英：woodland tobacco, South American tobacco

アルゼンチン原産。高さ 1.5m ほどになります。花は白色で、筒部が長く 8 〜
10cm ほどあります。8 月頃に開花します。

◆タバコ（*N. tabacum*）　英：tobacco

アルゼンチン北部、ボリビアに起源する自然交雑種。高さ 1 〜 2m になる一年
草または二年草。タバコの葉は、喫煙用タバコの原料として利用されています。

人との関係

　タバコ属植物は、1904年の「たばこ専売法」の施行により、栽培が禁止されていましたが、1985年法改正により民間の栽培が解禁となり、観賞用として利用できるようになりました。

キダチタバコ

ニコチアナ・ラングスドルフィ

ニコチアナ・シルベストリス

タバコ

☑ 有毒部位・成分

　全草に、アルカロイドのニコチン（nicotine）などを含みます。ニコチンは依存性が高く、極めて毒性の強いもので、1〜4mg／kgで中毒症状を示します。葉巻タバコ1本に15〜20mg含まれているとすると、幼児の致死量の2倍に相当します（内藤, 1991）。

☑ 人への健康被害

　誤って口にすると、吐き気、嘔吐、多量のよだれ、腹痛、下痢を引き起こします。ひどい場合は、心拍数、呼吸、血圧の上昇、昏睡、けいれんを起こすことがあります。生産者のように繰り返し接触する機会がある場合、皮膚炎を引き起こすことがあります。

☑ リスク低減

　園芸作業の際は、手袋をつけ、幼児の手の届かない場所で管理します。ペットへの健康被害も報告されています（O'Kane, 2009　p.22）。

ヤコウボク

学　名	*Cestrum nocturnum*
英　名	lady of the night, night-blooming jasmine
原産地	西インド諸島
開花期	夏〜秋
特　徴	高さ4mほどになる常緑

低木。葉は狭披針形で、長さ13cmほど。腋生の総状花序に黄緑色の花をつけます。花は筒状で、長さ2.5cmほど。花は夜間に芳香を放ちます。果実は球形で、白色、径8mmほどです。

人との関係

鉢物として利用されています。

果実

☑ 有毒部位・成分

全株、特に葉や果実、汁液にソラニン（solanine）、糖アルカロイド（glycoalkaloids）、ヘパトトキシン（hepatotoxins）などが含まれています。

☑ 人への健康被害

誤って口にすると、嚥下障害、発声障害、心拍数の増加、口内の渇きを引き起こします。瞳孔散大、視力障害、せん妄、頭痛などもみられます。2歳の幼児が数週間にわたり果実を食した結果、血便、下痢、嘔吐を引き起こしたとの報告があります（Spoerke・Smolinske, 1990）。

☑ リスク低減

幼児などの手の届かない場所で管理するようにします。ペットへの健康被害も報告されています（O'Kane, 2009）。

ホオズキ

学　名	*Alkekengi offcinarum*
異　名	*Physalis alkekengi* var. *franchetii*
英　名	Chinese lantern, Japanese lantern
原産地	東アジアとされるが詳細は不明。
開花・結実期	初夏・夏
特　徴	高さ 60 〜 90cm になる地下茎で

袋状に成長し、赤く色づいた萼

殖える多年草。5 〜 6 月、葉腋に淡黄白色の花を下向きにつけます。萼は当初は筒形ですが、開花後に大きな袋状に成長し、球形の果実を包み、7 月下旬 〜 8 月には赤く色づきます。中の果実は径 1 〜 2cm の液果で、赤く熟します。

人との関係

民間薬で、根が鎮咳薬、解熱薬、子宮収縮薬として使われていました。観賞用として、お盆に墓や仏前に供える風習があります。かつては、果実の果肉を取り除き、口で音を鳴らすなどの遊びにも使われていました（p.31）。

☑ 有毒部位・成分

未熟な果実と葉に、有毒成分であるポテトグリコアルカロイド（PGA）と総称される α 型ーソラニン（α-solanine）や、抗コリンアルカロイド（anticholinergic alkaloids）のアトロピン（atropine）を含みます。根には子宮収縮作用があるヒスタミン（histamine）が含まれています。

☑ 人への健康被害

誤って未熟な果実や葉を口にすると、嘔吐、下痢、腹痛、頭痛、脈拍低下、呼吸困難、瞳孔散大などを引き起こします。根を妊娠中の方が口にすると、流産する可能性があります。

☑ リスク低減

ホオズキの果実を使って音を鳴らす遊びをする場合は、よく熟したものを使用します。ペットへの健康被害も報告されています（O'Kane, 2009）。

シザンサス

和　名	コチョウソウ、ムレゴチョウ
学　名	*Schizanthus* × *wisetonensis*
英　名	butterfly flower, poor-man's-orchid

来　歴　シザンサス・ピンナツス（*S. pinnatus*）とシザンサス・グラハミー（*S. grahamii*）との交雑により、1900年にイギリスで作出。

開花期　早春〜春

特　徴　秋播き一年草で、高さ30〜40cm。花は蝶のような特徴的な形態で、和名、英名は花形に由来します。花色が混合の、'ヒット・パレード'（'Hit Parade'）、'スター・パレード'（'Star Parade'）などがよく栽培されます。

人との関係

原種に比べて草丈が低いため、鉢物として利用されます。

☑ 有毒部位・成分

全草に、副交感神経抑制作用, 中枢神経興奮作用を示すトロパンアルカロイド類(tropane alkaloids)が含まれます。また、肝毒性を示すピロリジンアルカロイド（pyrrolidine alkaloids）が含まれます。

☑ 人への健康被害

人への健康被害は認められていません。

☑ リスク低減

子どもや認知症の方には手に触れないようにする方がいいでしょう。

ナス科ラッパバナ属

ソランドラの仲間

学　名	*Solandra*
英　名	chalice vines
原産地	熱帯アメリカに 10 種が分布します。
開花期	初夏〜秋
特　徴	低木またはつる性木本。花は腋生（えきせい）

で単生し、径 20cm ほどと大きく、ラッパ状で、先
は 5 裂します。花には芳香があります。

ソランドラ・グランディフロラ

ソランドラ・マキシマ

栽培される主な種類

◆ソランドラ・グランディフロラ（*S. grandiflora*）　　和：ラッパバナ

ジャマイカ、プエルトリコ、小アンティル諸島原産。高さ 5m ほどになるつる性低
木。花は白色。

◆ソランドラ・マキシマ（*S. maxima*）

英：cup of gold vine, golden chalice vine, Hawaiian lily

メキシコ〜コロンビア、ベネズエラ原産。高さ 3 〜 5m ほどになるつる性低木。
花は高盆状（こうぼん）で、径 20cm ほど、初めが白色を帯び翌朝には濃黄色になります。

人との関係　　　熱帯・亜熱帯圏では観賞樹としてよく栽培されていま
す。日本では、大型温室でみることができます。

☑ **有毒部位・成分**
　全株に、抗コリンアルカロイド（anticholinergic alkaloids）のスコポ
ラミン（scopolamine）、ヒヨスチアミン（hyoscyamine）を含みます。

☑ **人への健康被害**
　誤って口にすると、口内の渇き、かすみ目、瞳孔散大（どうこう）、心拍数の増加
などを引き起こします。

☑ **リスク低減**
　家庭で栽培することはありませんが、植物園などで大きな花を珍し
がって持ち帰らないようにします。

ツノナス

別　名	キツネナス、フォックスフェイス
学　名	*Solanum mammosum*
英　名	nipplefruit, titty fruit, cow's udder, apple of Sodom
原産地	熱帯アメリカ
開花・結実期	夏・秋
特　徴	高さ1mほどになる低木。

果実

6月頃、葉の付け根に少数の紫花をつけます。黄〜橙色の果実は長さ5cmほどで、基部に2〜5個の乳頭突起があります。フォックスフェイスの別名は、果

実がキツネに似ることによる和製英語です。英名の nipplefruit は、「乳頭の果実」を意味し、やはり果実の形に由来しています。

人との関係

完熟した果実期に、葉を落とした状態で花材として利用しています。

☑ 有毒部位・成分

果実に、有毒成分であるソラニン（solanine）や、ソラマージン（solamargine）、グリコアルカロイド（glycoalkaloid）を含みます。

☑ 人への健康被害

誤って口にすると、吐き気、嘔吐、腹部けいれん、下痢を引き起こします。

☑ リスク低減

興味本位で食べないようにし、幼児などにも手の届かないところで管理します。

ナス科

フユサンゴ

別　名	タマサンゴ
学　名	*Solanum pseudocapsicum*
英　名	Jerusalem cherry, Madeira winter cherry, winter cherry
原産地	南アメリカ南東部
開花・結実期	夏〜秋・秋〜冬

特　徴　高さ 50 〜 100 ㎝になる低木。花は白色で、夏から秋に開花します。果実は球形で、径 1cm ほど。なかなか落果しないので、長期間、果実を観賞することができます。葉に斑が入る栽培品種 'バリエガタ' が知られます。

果実

人との関係

観賞用に栽培されるとともに、温暖地では野生化しています。

'バリエガタ'の果実

☑ **有毒部位・成分**

葉と果実に、ソラノカプシン（solanocapsine）などのステロイド系アルカロイドを含みます。

☑ **人への健康被害**

誤って口にすると、食欲不振、腹痛、嘔吐、出血性下痢、多量のよだれ、麻痺、呼吸困難、脈拍低下、瞳孔散大、けいれんを引き起こします。

☑ **リスク低減**

果実をヒヨドリなどが食べることがありますが、安全だと考えないようにしましょう。

サワギキョウの仲間

学　名	*Lobelia*

英　名	lobelia

原産地　熱帯、温暖地、特にアメリカ大陸に約 300 種が分布します。

開花期	夏

特　徴　多くは一・二年草、多年草で、ときに低木または高木状になります。花は葉腋に単生または頂生の総状花序につきます。花は上下二つの唇弁に分かれます。

ベニバナサワギキョウ

栽培される主な種類

有毒情報があるものとしては、以下のものが知られます。

◆ベニバナサワギキョウ（*L. cardinalis* ／異：*L. fulgens*）

英：cardinal flower

カナダ南部からアメリカ・テキサス州、メキシコ〜コロンビア北部の原産で、湿地帯に生えています。高さ 60 〜 90cm になる多年草。花は 7 〜 8 月に咲き、長さ 4cm ほどで、鮮やかな緋紅色。

◆ロベリアソウ（*L. inflata*）

別：セイヨウミゾカクシ　英：Indian tobacco

北アメリカ原産。高さ 30 〜 80cm になる一年草で、よく分枝します。花は青または白色で、6 〜 8 月に開花します。

◆サワギキョウ（*L. sessilifolia*）

日本全土、朝鮮半島、中国北部の原産で、山地の草原の湿地に生えています。高さ 40 〜 100cm になる多年草。紫色の花は頂生の総状花序につき、長さ 4cm ほどで、8 〜 9 月頃に開花します。

◆オオロベリアソウ（*L. siphilitica*）

英：great blue lobelia

アメリカ東部原産で、湿地に生えています。高さ 60 〜 90cm になる多年草。

花は総状花序に密につきます。青色の花は7〜9月に開花し、長さ2.5cmほどです。

人との関係

　ロベリアソウはアメリカ先住民の伝統的な治療薬として広範囲に適用されていました。けいれんを抑えたり、呼吸器を刺激したりする作用があります。

　園芸的には、湿り気のある花壇に植えられます。

サワギキョウ

オオロベリアソウ

☑ 有毒部位・成分

　全草に、分子構造がニコチン（nicotine）とよく似たアルカロイドであるロベリン（lobeline）を含みます。

☑ 人への健康被害

　誤って口にすると、激しい喉(のど)の痛み、吐き気、嘔吐(おうと)、咳(せき)、震えやめまいなどを引き起こします。茎葉から出る乳液に触れると、皮膚炎を引き起こします。

☑ リスク低減

　ロベリアソウは、鎮痙薬(ちんけい)、鎮咳薬(ちんがい)としますが、過剰な摂取は命を落とすとされます（アンドリュー・シェヴァリエ, 2000）。花壇によく植えられ、ロベリアの名で親しまれるルリチョウソウ（L. erinus）は、摂取しても問題ないとされます（Dauncey, 2010）。

ルリチョウソウ（ロベリア）

ランタナ

学　名	*Lantana camara*
英　名	Spanish flag, West Indian lantana, wild sage, red sage, white sage

果実

原産地	北アメリカ南部～熱帯アメリカ
開花・結実期	初夏～秋・秋

特　徴　高さ2mほどになる低木。葉は卵形～卵状長楕円形で、長さ4～10cm、厚みがあり、しわが目立ち、短毛があります。花は半球状の散形花序につきます。花径は1cmほどで、花色は黄または橙などで、後に赤などに変化しますので、「七変化」の名があります。果実は集合核果（石果）で、熟すと黒みを帯びます。

人との関係

　花壇や鉢物として利用されます。世界の温暖地で野生化が著しく、日本でも各地で逸出しています。

☑ 有毒部位・成分

　緑色の未熟果と葉に、トリテルペン（triterpenoid）のランタデンA、B、C（lantadene A, B, C）を含みます。

☑ 人への健康被害

　完熟した果実以外を誤って口にした場合、ふつう6時間以内に吐き気、嘔吐、下痢、瞳孔散大、虚脱、視覚障害などを引き起こし、ひどい場合は、呼吸困難、昏睡を起こします（Dauncey, 2010）。

☑ リスク低減

極めて一般的な園芸植物であるとともに、日本の温暖地各地で野生化していますので、子どもが誤って口にする可能性が高いので注意します。ペットへの健康被害も報告されています（O'Kane, 2009）。

第4章　主に皮膚炎を引き起こす園芸植物

エドワード・ジョセフ・ロウ（Edward Joseph Lowe）著
"Beautiful Leaved Plants"（1859 年）に描かれた
カラジューム（*Caladium bicolor*）

レイランドヒノキ

学　名	× *Hesperotropsis leylandii*
異　名	× *Cuprocyparis leylandii*
英　名	Leyland cypress, leylandii

来　歴　モントレイ・サイプレス（*Hesperocyparis macrocarpa*）とアラスカヒノキ（*Callitropsis nootkatensis*）との属間交雑により作出されました。

特　徴　高さ30mほどになる高木の針葉樹です。葉色はやや灰色がかった緑色で、ヒノキの葉に似ています。円錐形の樹形となります。

人との関係

成長が早く、耐寒性、耐乾燥性が強く、非常に丈夫なので、世界中で公園、街路樹、生垣などに広く植栽されています。また、リース材としても利用されています。

☑ **有毒部位・成分**

全株、特に樹液に未知のアレルゲンが含まれます。

☑ **人への健康被害**

樹液が皮膚につくと痛みを伴う皮膚炎を引き起こします。また、枝葉を燃やした際の煙も皮膚炎を引き起こす可能性があります。誤って口にすると、胃腸炎を引き起こす可能性があります。

☑ **リスク低減**

植え付けや剪定作業には、樹液がつかないように注意しましょう。

アンスリウムの仲間

学　名	*Anthurium*
英　名	flamingo flower, tailflower
原産地	熱帯アメリカに 1,000 種以上が分布

します。

開花期	温度さえあれば周年
特　徴	常緑の多年草。茎は短いか、長く

アンスリウム・アンドレアヌム

伸びて直立またはつる状になります。仏炎苞は長く留まり、
以下のように観賞の対象とするものがあります。

栽培される主な種類

◆アンスリウム・アンドレアヌム（*A. andraeanum*）

和：オオベニウチワ

コロンビア、エクアドル原産。仏炎苞はふつう心形で、
光沢があり、朱赤や白などに色づき、長さ 10 〜 30cm

アンスリウム・
シェルツェリアヌム

ほどです。ハワイなどで育成されたものが、切り花としてよく利用されます。

◆アンスリウム・シェルツェリアヌム（*A. scherzerianum*）

和：ベニウチワ

コスタリカ原産。仏炎苞には前種のような光沢がなく、肉穂花序はねじ曲がることが多いです。

人との関係

切り花または鉢物として利用されます。

☑ 有毒部位・成分

葉と茎に、不溶性のシュウ酸カルシウム（calcium oxalate）を含んでいます。シュウ酸カルシウムは細胞内に長い針状の結晶で存在します。

☑ 人への健康被害　　☑ リスク低減

ディフェンバキア（p.40）やアグラオネマ（p.200）などと同様です。

カラジウム

学　名	*Caladium bicolor*
異　名	*C. × hortulanum*
英　名	angel wings
原産地	南アメリカ北部
開花期	夏（観賞対象ではない）
特　徴	地下に球根（塊茎）を持

つ多年草。園芸上は、春植え球根として扱われています。葉は卵形または矢じり形で、塊茎から群生します。葉身は長さ30〜35cmほどで、栽培品種によりさまざまな色の斑紋が入ります。葉柄は長く、葉身と同長から1.5倍ほどです。

　多くの栽培品種が知られ、以前は学名 *C. × hortulanum* として扱われていました。葉柄が葉身に盾状につく（盾着する）タイプと、縁につく（縁着する）タイプに大別できます。盾状につくタイプの最も一般的な栽培品種は‘キャンディダム’で、葉身は白色地に葉脈部が緑色となり、日本では‘シラサギ’の名で親しまれています。

　葉身の縁につくタイプとしては、‘ホク・ロング’が知られ、葉身はピンク色地で、葉縁周辺と葉脈部が緑色になります。

人との関係

　19世紀後半、フランスで栽培品種の作出が始まり、近年はアメリカ・フロリダ州を中心に改良されています。美しい葉を観賞する観葉植物として、鉢物として流通し、室内、花壇で観賞されます。

‘キャンディダム’

‘ホク・ロング’

'ローズ・バッド'

'ピンク・クラウド'

'キャロリン・ウォルトン'

☑ 有毒部位・成分

　全草に不溶性のシュウ酸カルシウム（calcium oxalate）を含んでいます。シュウ酸カルシウムは細胞内に長い針状の結晶で存在します。また、未検証のタンパク質性毒素が含まれるとされます。

☑ 人への健康被害

　切り口から出る汁液は、粘膜に対する強い刺激性があり、誤って口にすると口の中の粘膜が刺激性接触皮膚炎を引き起こし、唇、口内や喉が激しく痛み、腫れなどが生じます。眼や皮膚に付着すると激しいかゆみや皮膚炎を生じ、水疱やむくみを伴うことがあります。

☑ リスク低減

　園芸作業において、球根の植えつけ、枯葉の除去などの作業で汁液が手につくことが多いので、ゴム手袋などを着用するとともに、眼や口などに汁液が付着しないようにしましょう。皮膚に汁液が付着した場合は、石鹸と水で十分に洗浄し、眼は流水で15分以上洗浄します。

アグラオネマの仲間

学　名	*Aglaonema*
英　名	Chinese evergreens
原産地	熱帯アジアに21種が分布します。
開花期	主に夏（観賞対象ではない）
特　徴	常緑の多年草。花は特徴的な

仏炎苞に包まれた肉穂花序につきますが、観賞対象とはしていません。ディフェンバキア（p.40）に近縁で、形態的にもよく似ますが、葉の側脈が少なく、仏炎苞の中央部がくびれず、雌花に仮雄ずいがないことで区別できます。

アグラオネマ
'シルバー・クイーン'

栽培される主な種類

◆アグラオネマ・コムタツム（*A. commutatum*）

フィリピン、セレベス島北東部原産。茎は斜上して伸び、長さ60cmほどになります。葉は長楕円形〜披針形で、長さ10〜17cm。栽培品種'プセウドブラクテアツム'は、白色地の茎に緑色斑が入り、葉には灰緑色と白色の斑と斑点が不規則に入ります。

◆アグラオネマ・モデスツム（*A. modestum*）

中国南部、ラオス北部、タイ北部原産。茎は斜上して伸び、長さ60cmほどになります。葉は卵形〜披針形、長さ14〜22cmで、光沢のある緑色です。栽培品種の'メディオピクタム'は、葉中央部に黄緑色の斑が大きく入ります。

◆栽培品種

'パーロット・ジャングル'は、葉が長楕円形で、長さ20〜25cmほど、銀白色地に緑色の斑点が不規則に入り、主脈と葉縁は緑色になります。'シルバー・クイーン'と'シルバー・キング'は、'パーロット・ジャングル'によく似ており、薄緑色地に濃緑色斑紋が主脈と葉縁周辺に不規則に入ります。'シルバー・クイーン'は英国王立園芸協会の金賞を受賞している最も一般的な栽培品種です。近年、タイで作出された葉が赤みを帯びる栽培品種が導入されています。

■ 人との関係

　葉を観賞する観葉植物で、耐陰性が強いため、室内で利用されます。切り
葉としても利用されます。

アグラオネマ・コムタツム'プセウドブラクテアツム'

アグラオネマ・モデスツム'メディオピクタム'

アグラオネマ'シルバー・キング'

タイ作出の栽培品種

☑ 有毒部位・成分

　全株に不溶性のシュウ酸カルシウム（calcium oxalate）を含んでいま
す。シュウ酸カルシウムは細胞内に長い針状の結晶で存在します。

☑ 人への健康被害

　切り口から出る汁液は、粘膜に対する強い刺激性があり、誤って口に
すると、唇、口内や喉が激しく痛み、腫れなどが生じます。眼や皮膚に
付着すると激しいかゆみや皮膚炎を生じます。

☑ リスク低減

　園芸作業はゴム手袋などを着用するとともに、皮膚に汁液が付着した
場合は、石鹸と水で十分に洗浄し、眼は流水で15分以上洗浄します。

アロカシアの仲間

学　名	*Alocasia*
英　名	elephant's-ear plant
原産地	熱帯アジア～オーストラリアに約

65種が分布します。

| 開花期 | 主に夏（観賞対象ではない） |
| 特　徴 | 常緑の多年草。茎は地下で |

球茎となるか、地上に直立して肥大しています。葉には長い葉柄があり、葉身の縁につく（縁着する）種や、盾状につく（盾着する）種があります。

アロカシア・アマゾニカ

栽培される主な種類

◆アロカシア・アマゾニカ（*A.* × *amazonica* ／異：*A.* × *mortfontanensis*）
交雑種。葉は狭三角形で、表面には金属光沢があり、暗緑色地に葉縁と主脈が銀灰色となり、葉縁は波状となります。観葉植物としてよく利用されます。

◆シマクワズイモ（*A. cucullata*）　英：Chinese taro, Chinese ape
スリランカ～インド北部、ミャンマー原産。葉は卵心形で、先はやや尾状に尖り、表面は光沢のある暗緑色。比較的耐寒性が強く3℃程度まで耐え、観葉植物としてよく利用されます。

◆インドクワズイモ（*A. macrorrhizos*）　英：giant taro, elephant ear taro
スリランカ、インド～マレーシア原産。矢じり状の葉は光沢のある緑色です。クワズイモとよく似ていますが、葉柄は葉身の縁につくことで区別できます。栽培品種のシロフイリクワズイモは葉に白色斑が不規則に入り、観葉植物としてよく利用されます。

◆アロカシア・ミコリッティアナ（*A. micholitziana*）　英：green velvet alocasia
フィリピン原産。葉は長卵形で、表面はビロード状の光沢がある緑色で、葉縁と主脈、主側脈が白色となります。栽培品種'グリーン・ベルベット'が観葉植物としてよく栽培されます。

◆クワズイモ（*A. odora*）

熱帯・亜熱帯アジアに広く分布し、日本でも四国南部から九州南部を経て琉球列島に分布しています。インドクワズイモによく似ますが、葉柄が葉身に盾状につくことで区別できます。観葉植物としてよく栽培されます。

人との関係

　葉を観賞する観葉植物で、耐陰性が強いため、室内で利用されます。切り葉としても利用されます。

シマクワズイモ

シロフイリクワズイモ

アロカシア・ミコリッティアナ
'グリーン・ベルベット'

クワズイモ

☑ 有毒部位・成分

　全株に不溶性のシュウ酸カルシウム（calcium oxalate）を含んでいます。シュウ酸カルシウムは細胞内に長い針状の結晶で存在します。。

☑ 人への健康被害

　2008年11月に、延岡市内のスーパーで、「はすがら（サトイモの茎）」を購入したところ、クワズイモが混入しており、「酢の物」にして摂食した2名中2名が、口腔内のしびれが発生したとの報告があります（厚生労働省）。汁液が皮膚につくと皮膚炎を起こすことがあります。

☑ リスク低減

ディフェンバキア（p.40）やアグラオネマ（p.200）などと同様です。

ポトス

学　名	*Epipremnum aureum*
英　名	devil's ivy, golden pothos, money plant

原産地　ソロモン諸島と考えられています。

開花期　ふつう開花しません。

特　徴　付着根でよじ登る常緑の多年草です。一般に栽培される若い株の葉は、心形で、表面には光沢があり、緑色地に濃黄色の斑が不規則に入ります。家庭ではみることはできませんが、熱帯圏でみる成熟株の葉は、長さ70cmほどで、羽状に裂けます。栽培品種 'マーブル' は、白色斑が入ります。

'マーブル'

人との関係

　観葉植物として最も一般的なもののひとつで、若い幼期の苗を利用しています。めったに開花しないため、分類上の位置づけが困難な園芸植物のひとつです。

☑ 有毒部位・成分

　全株に不溶性のシュウ酸カルシウム (calcium oxalate) を含んでいます。シュウ酸カルシウムは細胞内に長い針状の結晶で存在します。また、未検証のタンパク質性毒素が含まれるとされます。

☑ 人への健康被害　　☑ リスク低減

ディフェンバキア (p.40) やアグラオネマ (p.200) などと同様です。

サトイモ科

モンステラ

学　名	*Monstera deliciosa*
英　名	windowleaf, ceriman, Mexican breadfruit, Swiss cheese plant
原産地	メキシコ〜パナマ
開花期	温度さえあれば周年
特　徴	大型の付着根でよじ登

る常緑の多年草です。葉はほぼ左右対称の円状卵形で、長さ10〜90cmとなり、側脈の間に穴があき、それらがつながって羽状に裂けます。栽培品種 'バリエガタ' は葉に乳白〜緑黄色の斑が入ります。なおヒメモンステラやミニモンステラと呼ばれるものは別属別種（*Rhaphidophora tetrasperma*）です。

人との関係

　観葉植物や切り葉として利用されています。完熟した果実はパイナップルのような芳香を放ち、生食できます。

☑ 有毒部位・成分

　全草に不溶性のシュウ酸カルシウム（calcium oxalate）を含んでいます。シュウ酸カルシウムは細胞内に長い針状の結晶で存在します。未熟果も不溶性のシュウ酸カルシウムを含み、口内を刺激するので食べないようにします。

未熟果

☑ 人への健康被害　　☑ リスク低減

ディフェンバキア（p.40）やアグラオネマ（p.200）などと同様です。

フィロデンドロンの仲間

学　名	*Philodendron*

原産地　熱帯アメリカに 500 種以上が分布します。

開花期　温度が十分にあり、株が大きくならないと開花しません。

特　徴　多くは付着根でよじ登る常緑の多年草ですが、まれに茎が短縮して直立するものや、匍匐（ほふく）するものがあります。葉は全縁（ぜんえん）から羽状浅裂（うせん）〜中裂します。

ヒトデカズラ

栽培される主な種類

◆ヒトデカズラ（*P. bipinnatifidum* ／異：*P. selloum*）

英：lacy tree philodendron, selloum

ブラジル南東部原産。太い茎は直立し、やや木質化します。葉は羽状に切れ込みますが、若い株はわずかしか切れ込みません。異名に由来するセロームの名で流通しています。

◆ヒメカズラ（*P. hederaceum* var. *oxycardium* ／異：*P. oxycardium*）

英：heart leaf philodendron

メキシコ東部原産。葉は卵形で、光沢があり、表面は暗緑色です。'ライム'は、葉が明黄緑色で美しい栽培品種です。

◆フィロデンドロン・ザナドゥ（*P. xanadu*）

英：winterborn philodendron

羽状に切れ込む葉を密に生じます。クッカバラやオージーの名で流通しています。ヒトデカズラとともに別属（*Thaumatophyllum*）とされることがあります。

◆栽培品種

'レモン・ライム'は、生育初期には株立ち状で、やがてつる状になり、長楕円（だえん）形の葉は明黄緑色となります。

人との関係

観葉植物や切り葉として、若い幼期の苗を利用しています。

フィロデンドロン・ザナドゥ

ヒメカズラ

フィロデンドロン‘レモン・ライム’

☑ 有毒部位・成分

葉に不溶性のシュウ酸カルシウム（calcium oxalate）を含んでいます。シュウ酸カルシウムは細胞内に長い針状の結晶で存在します。

ネコに対する毒性が特に高いことが報告されています（Spoerke・Smolinske, 1990）。

☑ 人への健康被害

切り口から出る汁液は、粘膜に対する強い刺激性があります。誤って口にすると、唇、口内や喉に激しい痛みが生じます。眼や皮膚に付着すると激しいかゆみや皮膚炎を生じます。生産者など、長期間繰り返し接触する場合、アレルギー反応を生じることが報告されています（Dauncey, 2010）。

☑ リスク低減

ディフェンバキア（p.40）やアグラオネマ（p.200）などと同様です。

シンゴニウム

学　名	*Syngonium podophyllum*
英　名	arrowhead vine
原産地	メキシコ〜ブラジル、ボリビア
開花期	温度が十分にあり、株が大きくならないと開花しません。

特　徴　付着根でよじ登る常緑の多年草です。茎葉の切り口から白い乳液を出します。一般に栽培される若い株の葉は矢じり状ですが、成熟すると鳥足状複葉となります。栽培品種の'ホワイト・バタフライ'は、主脈や側脈付近がクリーム色になります。'シルキー'は、葉全体が淡緑色となります。

'ホワイト・バタフライ'

人との関係

　観葉植物として最も一般的なひとつで、若い幼期の苗を利用しています。

'シルキー'

☑ **有毒部位・成分**

　全草に不溶性のシュウ酸カルシウム（calcium oxalate）を含んでいます。シュウ酸カルシウムは細胞内に長い針状の結晶で存在します。

☑ **人への健康被害**　　☑ **リスク低減**

　ディフェンバキア（p.40）やアグラオネマ（p.200）などと同様です。

ザミオクルカス

学　名	*Zamioculcas zamiifolia*
英　名	Zanzibar gem, ZZ plant, Zuzu plant

原産地　アフリカ東部（ケニア共和国南部〜南アフリカ共和国北東部）

開花期　秋

特　徴　地下にイモ状の塊茎（かいけい）を持つ多年草。葉は根生し、立ち上がって高さ30〜60cmになり、6〜8対の小葉（しょうよう）からなります。葉は革質で厚く、光沢があります。

人との関係

近年、室内の観葉植物として人気があります。

☑ 有毒部位・成分

全株に不溶性のシュウ酸カルシウム（calcium oxalate）を含んでいます。シュウ酸カルシウムは細胞内に長い針状の結晶で存在します。

☑ 人への健康被害

切り口から出る汁液は、粘膜に対する強い刺激性があり、眼や皮膚に付着すると激しいかゆみや皮膚炎を生じます。誤って口にすると、唇、口内や喉（のど）が激しく痛み、腫れなどが生じます。

☑ リスク低減

園芸作業はゴム手袋などを着用するとともに、皮膚に汁液が付着した場合は、石鹸と水で十分に洗浄し、眼は流水で15分以上洗浄します。

カラーの仲間

学　名	*Zantedeschia*

英　名　arum lily, calla, calla lily

原産地　熱帯および南アフリカに8種が分布します。

開花期　主に春〜秋

特　徴　地下に肥大した塊茎を持つ多年草。漏斗形の仏炎苞を持ち、中央部に仏炎苞より短い肉穂花序があります。美しい仏炎苞を観賞します。カラーの名は、本属の植物が以前カラ属（*Calla*）に含まれていたことに由来しています。

オランダカイウ

栽培される主な種類

◆オランダカイウ（*Z. aethiopica*）

英：calla lily, arum lily

南アフリカ原産。ワサビ根状の地下茎を持ちます。仏炎苞は白色です。日本では5月頃からよく開花します。本属中、もっとも栽培が多く、ウェディングの花として人気があります。

◆キバナカイウ（*Z. elliottiana*）

英：golden arum lily

野生種は知られておらず、おそらく園地起源の交雑種と考えられます。地下に塊茎を持ちます。仏炎苞は卵形で、内側は黄、外側は緑を帯びた黄色です。葉には白色の斑点が入ります。

◆モモイロカイウ（*Z. rehmannii*）

英：pink arum lily, pink calla

南アフリカ原産。地下に塊茎を持ちます。草丈30cmほどと矮性で、仏炎苞が淡桃〜紫紅色です。葉は細長く、葉柄は短いのが特徴です。

人との関係

　オランダカイウは耐寒性が強く、暖地では戸外でも越冬できるので、よく庭先で栽培されています。塊茎を持つタイプは、春植え球根として扱われ、鉢花として利用されています。いずれも切り花としてよく利用されています。

キバナカイウ

モモイロカイウ

☑ 有毒部位・成分

　葉や仏炎苞に不溶性のシュウ酸カルシウム（calcium oxalate）を含んでいます。シュウ酸カルシウムは細胞内に長い針状の結晶で存在します。

☑ 人への健康被害

　切り口から出る汁液は、粘膜に対する強い刺激性があります。誤って口にすると、唇、口内や喉に激しい痛みが生じます。眼や皮膚に付着すると局部的なかゆみや皮膚炎を生じます。

　誤って仏炎苞を口にした8歳の女児は、12時間にわたり昏睡状態となり、24時間後に回復したとの報告があります（Spoerke・Smolinske, 1990）。

☑ リスク低減

　ディフェンバキア（p.40）やアグラオネマ（p.200）などと同様です。

ミズバショウ

学　名	*Lysichiton camtschatcensis*
英　名	Asian skunk cabbage, white skunk cabbage

原産地　日本の本州中部以北、北海道、サハリン〜カムチャツカ半島

開花期　低地では4〜5月、高地では5〜7月

特　徴　寒冷地の湿地に生える多年草。葉は開花後に展開し、大きくなると長さ80cmほどにもなります。葉の萌芽と同時に、白色の仏炎苞を持つ長さ20cmほどの肉穂花序を生じます。

人との関係

　人気のある植物で、苗が山野草として販売されており、植物園などでも栽培されています。

肉穂花序

☑ **有毒部位・成分**

　全株に不溶性のシュウ酸カルシウム（calcium oxalate）を含んでいます。シュウ酸カルシウムは細胞内に長い針状の結晶で存在します。

☑ **人への健康被害**

　葉などの汁液にはシュウ酸カルシウムが含まれ、肌につくとかゆみや水ぶくれを起こすことがあり、誤って口にすると吐き気や脈拍の低下、ひどい時には呼吸困難や心臓麻痺を引き起こす危険があるとされます（佐竹, 2012）。

☑ **リスク低減**

　ディフェンバキア（p.40）やアグラオネマ（p.200）などと同様です。

サトイモ科

ザゼンソウ

別　名	ダルマソウ、ベコニシタ
学　名	*Symplocarpus renifolius*
異　名	*S. foetidus* var. *latissimus*
原産地	ロシア東部、朝鮮半島、日本

（北海道〜本州の日本海側）、中国北東部

開花期	冬〜早春
特　徴	山間の湿地に生える多年草。

葉は開花後に展開し、大きくなると長さ30〜40cmほどになります。春早くに、紫黒色の仏炎苞（ぶつえんほう）を持つ肉穂花序（にくすいかじょ）に多数の花をつけます。開花時には、肉穂花序が20〜25℃に発熱し、周囲の氷雪を溶かして、いち早く顔を出すことで知られます。開花時には仏炎苞から悪臭を放ち、仏炎苞内は花序の発熱により外気温より高く保って、花粉を運ぶハエ類を呼びます。

人との関係

　奥飛騨地方では、ザゼンソウをアカゴと呼び、葉柄（ようへい）を茹でて、乾燥して食用としたとされます。ザゼンソウとアメリカザゼンソウ（*S. foetidus*）をまとめて、広義の *S. foetidus* とすることがあります。アメリカザゼンソウは、アメリカでは鎮嘔（ちんがい）薬、利尿薬とします。

☑ **有毒部位・成分**

　全株に不溶性のシュウ酸カルシウム（calcium oxalate）を含んでいます。シュウ酸カルシウムは細胞内に長い針状の結晶で存在します。

☑ **人への健康被害**

　肌に汁液がつくと赤くなり、水ぶくれを生じるなどの皮膚炎を起こします。誤って口にすると、嘔吐や下痢を、ときに呼吸困難や心臓麻痺を引き起こします。

☑ **リスク低減**

　ディフェンバキア（p.40）やアグラオネマ（p.200）などと同様です。

アルストロメリアの仲間

学　名	*Alstroemeria*
英　名	Peruvian lily, lily of the Incas
原産地	中央・南アメリカ

に約 160 種が分布し、特にアンデス地方南部に多くみられます。

開花期	春〜秋
特　徴	地下に球根（塊

茎）または肥大した地下茎を持つ球根植物。葉は葉柄部分が
ねじ曲がり、裏面が上面に向くこと

アルストロメリア・アウレア‘オレンジ・エース’

が多いです。花は茎頂の集散花序が散形に集まった複花序につきます。

栽培される主な種類

◆アルストロメリア・アウレア（*A. aurea* ／異：*A. aurantiaca*）

チリ原産。草丈 60 〜 80cm。花は橙黄色で、内花被片のうち上の 2 片に橙赤色の条斑が入ります。‘オレンジ・エース’は丈夫で栽培しやすい栽培品種です。

◆ユリズイセン（*A. psittacina* ／異：*A. pulchella*）

ブラジル北部原産。草丈 1m ほど。花は半開で、赤く、先は黒色斑が入ります。丈夫で、花壇などでよく栽培されます。

◆栽培品種

アルストロメリア・リグツ（*A. ligtu*）などの野生種を親とした交雑による品種改良が進み、多数の栽培品種が知られます。主として切り花として利用され、花持ちがよいことで知られます。また、‘インディアン・サマー’のように花壇用の栽培品種も育成されています。

人との関係

切り花として利用すると花持ちがよいので、よく使用されます。

ユリズイセン

'プリマドンナ'

'トロピカーナ'

'インディアン・サマー'

☑ 有毒部位・成分

　全草に、接触皮膚炎の原因物質ツリパリンA（tulipalin A）、ツリパリンB（tulipalin B）を含みます。

☑ 人への健康被害

　チューリップと同様の有毒物質を含むので、長期間扱う栽培農家や花屋店員で「チューリップ指（tulip fingers）」と同じようなアレルギー性の皮膚炎が知られます。アルストロメリアにアレルギーが生じると、チューリップを扱っても皮膚炎になることがあります（指田・中山, 2012）。

☑ リスク低減

　チューリップと同様に、切り花として扱うことが多い場合、皮膚炎の予防には、ゴム手袋を使用し、作業後はよく洗浄するとよいでしょう。

チューリップの仲間

| 学　名 | *Tulipa* |

原産地　中央アジア、北アフリカを中心に約 100 種が分布します。

開花期　春

特　徴　地下に褐色の外皮に覆われた球根（鱗茎）を持つ球根植物です。春の花壇を彩る代表的な園芸植物です。春に直立する花茎を出し、先に 1 個または数個の花をつけます。近年は野生種にも人気があります。

チューリップ 'バレリーナ'

球根

栽培される主な種類

◆チューリップ（*T. gesneriana* cvs.）

16 世紀にヨーロッパに導入され、オランダを中心にツリパ・ゲスネリアナ（*T. gesneriana*）などの野生種を親とした交雑による品種改良が進み、多数の栽培品種が知られます。花壇に植栽されるほか、切り花として人気があります。

◆ツリパ・クルシアナ（*T. clusiana*）　英：lady tulip

イラン〜アフガニスタン原産。17 世紀初めにはヨーロッパで栽培され、「貴婦人のチューリップ（lady tulip）」の名で親しまれていました。草丈 25cm ほど。花は白〜クリーム色地に、外花被は緋色を帯びます。変種クリサンタ（var. *chrysantha*）は、黄色地に、外花被片が緋色を帯びます。

◆ツリパ・リニフォリア（*T. linifolia*）

中央アジア、イラン北部、アフガニスタン原産。草丈は 20cm ほど。花は朱赤色。

◆ツリパ・サクサティリス（*T. saxatilis*）　英：candia tulip

クレタ島、トルコ西部原産。草丈 15 〜 30cm。花は淡紫桃色で、基部に大きな黄色斑が入ります。

◆ツリパ・ウルミネンシス（*T. uruminensis*）

中央アジア原産。草丈は 15cm ほどの小型種です。花は中央が黄色で、外側が白色となります。

人との関係

　1634 〜 37 年、オランダにおいて手に入りにくいチューリップ新品種の球根に、法外な高値がついて投機の対象になるという「チューリップ狂時代」が起こり、1732 年頃にも再び起こっています。

ツリパ・クルシアナ

ツリパ・リニフォリア

ツリパ・サクサティリス

ツリパ・ウルミネンシス

☑ 有毒部位・成分

　全草に、特に球根に皮膚炎を引き起こすアレルギー性物質のツリパリンA (tulipalin A)、ツリパリンB (tulipalin B) を含みます。

☑ 人への健康被害

　チューリップを長期間大量に触れる栽培農家や園芸店の店員では、重篤なアレルギー性の皮膚炎が知られ、「チューリップ指 (tulip fingers)」と呼ばれています。また、シチュー料理の一種 (グーラッシュ) に誤ってチューリップの鱗茎を使用し、誤食後、10分以内に発汗、嘔吐、呼吸困難が引き起こされた報告がありますが (Spoerke・Smolinske, 1990)、食中毒の原因物質は不明です。

☑ リスク低減

　大量に取り扱う場合は、ゴム手袋を着用し、作業後はよく洗浄するとよいでしょう。球根はタマネギに間違える可能性があるので、注意します。

アガパンサス

学　名	*Agapanthus praecox* subsp. *orientalis*
英　名	common agapanthus
原産地	南アフリカのケープ地方東部
開花期	夏

特　徴　野生種は南アフリカに6種が分布していますが、栽培されているものは主に *A. praecox* の亜種 subsp. *orientalis* とされます。草丈60～100cm以上になる常緑の多年草です。筒状の花は長さ5cmほどで、茎頂の散形花序（さんけいかじょ）に多数つきます。花色は濃青～淡青で、白色花もあります。栽培品種も多数知られますが、その来歴ははっきりしないとされます。

人との関係

　花壇に植えられるとともに、切り花でも利用されます。

☑ 有毒部位・成分
　汁液に含まれると思われますが、成分は不明です。

☑ 人への健康被害
　汁液が肌につくと皮膚炎を引き起こします。眼に入ると結膜炎（けつまくえん）を生じます。誤って口にすると、口内に炎症を引き起こします。

☑ リスク低減
　管理や切り花を扱う時は、ゴム手袋を使用し、作業後はよく洗浄するとよいでしょう。

アガベの仲間

学 名	*Agave*
英 名	century plant
原産地	アメリカ合衆国南部〜パナマ西部、カリブ諸島、ベネズエラに約 220 種が分布します。
開花期	ふつう開花・結実後には枯れる一稔性植物で、主に夏に開花します。

フクリンリュウゼツラン

特 徴	多肉質の葉が放射状についてロゼット状になります。葉の先端と縁には鋭い刺があります。成熟に長い年月を要し、英名は 100 年目に開花すると考えられたことに由来しますが、実際は十数年〜数十年で開花します。開花後、植物体は枯死します。

笹の雪

栽培される主な種類

◆アオノリュウゼツラン（*A. americana*）

メキシコ原産。葉は青緑色で、長さ 1 〜 2m ほどになります。葉縁に黄白〜黄色の覆輪が入るフクリンリュウゼツランがよく栽培されます。

◆笹の雪（*A. victoriae-reginae*）

メキシコ原産。長さ 10 〜 15cm ほどの葉に白色の縦筋が入る人気の多肉植物。

人との関係

大型種は庭園、公園に、小型種は鉢植えに利用されます。

☑ **有毒部位・成分**
汁液に不溶性のシュウ酸カルシウム (calcium oxalate) を含んでいます。

☑ **人への健康被害**
汁液が肌につくと、赤く腫れ、じんましんや水ぶくれを引き起こします。

☑ **リスク低減**
触れた後は、よく洗浄するとよいでしょう。

219

ムラサキオモト

学　名	*Tradescantia spathacea*
異　名	*Rhoeo spathacea*
英　名	Moses-in-the-cradle, oyster plant
原産地	ベリーズ、グアテマラ、メキシコ南部
開花期	主に夏

'ナナ・トリカラー'

特　徴　多肉質の多年草。茎は短く直立し、側枝を出してよく分枝します。葉は茎の先に密につき、やや多肉質、楕円状披針形で、長さ15〜30cm、表面は濃緑色、裏面は暗紫色です。葉腋から出る花序は苞で包まれ、その中に白色の花を多数つけます。英名は、苞に包まれた花の様子に由来しています。葉に斑が入る栽培品種や矮性品種が知られます。

人との関係

　観葉植物として室内で栽培され、熱帯地方ではグランドカバーとして利用されます。

☑ 有毒部位・成分

　おそらく葉に含まれるシュウ酸カルシウム（calcium oxalate）と考えられていますが、よくわかっていません。

☑ 人への健康被害

　汁液が肌に触れると、赤く腫れ、かゆみを生じることがありますが、深刻な事態になることはありません。成人女性が大量の苗を移植作業したところ、接触皮膚炎と呼吸困難を引き起こしましたが、5分間横になると回復したとの報告があります（Spoerke・Smolinske, 1990）。3歳半の子どもが誤って口にして、腹痛と皮膚炎を引き起こしたとの報告があります（Spoerke・Smolinske, 1990）。

☑ リスク低減　　触れた後は、よく洗浄します。

キンポウゲ科

アネモネ

別　名	ボタンイチゲ、 ベニバナオキナグサ、 ハナイチゲ
学　名	*Anemone coronaria*
英　名	poppy anemone, Spanish marigold
原産地	南ヨーロッパ、地中海沿岸
開花期	春
特　徴	地下に塊茎（かいけい）を持つ球根植

物で、園芸上は秋植え球根として扱われます。花茎（かけい）は直立し、長さ30〜40cmほどで、先端に1花をつけます。花は径7〜10cmほどで、花色は赤、紫紅、紫、白などがあります。一重咲き、半八重咲き、八重咲きの栽培品種が知られます。現在栽培されている栽培品種は、アネモネ・ホルテンシス（*A. hortensis*）との雑種に起源すると考えられ、'ド・カーン'は19世紀に発表されたものです。

人との関係

花壇や鉢植えで栽培されるほか、切り花として人気があります。

☑ 有毒部位・成分

全草、特に葉や茎の中に含まれる配糖体のラヌンクリン（ranunculin）が細胞組織の破壊とともに酵素分解により、二次的に有毒のプロトアネモニン（protoanemonin）を生成します。

☑ 人への健康被害

汁液が肌に触れると、赤く腫れ、みずぶくれ、化膿などの皮膚炎を引き起こします。

☑ リスク低減

極めて一般的な園芸植物です。園芸作業で触れた後は、よく洗浄します。

シュウメイギク

別　名	キブネギク
学　名	*Anemone hupehensis* var. *japonica*
英　名	Japanese anemones
原産地	中国
開花期	秋

特　徴　草丈1mほどになる多年草で、地下茎が地中を這って伸び広がります。花弁状の萼片は卵形で、5〜8枚です。日本に野生化しているものは淡桃色の八重咲きタイプのもので、京都の貴船付近に多いことから、別名はキブネギクといいます。

人との関係

　和風の庭などに植栽されるほか、水揚げはよくありませんが切り花に利用されます。

八重咲き

☑ 有毒部位・成分

　全草、特に葉や茎の中に含まれる配糖体のラヌンクリン（ranunculin）が細胞組織の破壊とともに酵素分解により、二次的に有毒のプロトアネモニン（protoanemonin）を生成します。

☑ 人への健康被害

　汁液が肌に触れると、赤く腫れ、みずぶくれなどの皮膚炎を引き起こします。

☑ リスク低減

　極めて一般的な園芸植物です。園芸作業で触れた後は、よく洗浄します。

キンポウゲ科オダマキ属

オダマキの仲間

学　名	*Aquilegia*
英　名	granny's bonnet, columbine
原産地	北半球の温帯に80種が分布します。
開花期	春～夏
特　徴	多年草で、多くは草丈 20 ～ 50cm

ほどです。花はふつう下向きに咲き、花弁の基部
には距があります。

セイヨウオダマキ

栽培される主な種類

◆オダマキ（*A. flabellata*）

日本に自生するミヤマオダマキ（*A. flabellata* var. *pumila*）を改良してつくられ
た園芸植物で、草丈40cmほどです。花は5月頃に咲き、鮮やかな紫青色です。

◆セイヨウオダマキ（*A. vulgaris*）

英：European columbine, common columbine, granny's bonnet

ヨーロッパ原産。草丈 40 ～ 60cm ほど。花は 5 ～ 6 月頃に下向きに咲き、野
生種の花色は紫ですが、品種改良により赤、桃、青など多様となりました。

人との関係

　オダマキは山野草として人気があります。セイヨウオダマキは花壇や鉢植えで
利用されます。

☑ 有毒部位・成分

　全草、特に葉や茎の中に含まれる配糖体のラヌンクリン（ranunculin）
が細胞組織の破壊とともに酵素分解により、二次的に有毒のプロトアネ
モニン（protoanemonin）を生成します。

☑ 人への健康被害

　汁液が肌に触れると皮膚炎を引き起こす可能性があります。

☑ リスク低減

　園芸作業で触れた後は、よく洗浄します。

クレマチスの仲間

学　名	*Clematis*
英　名	flower, old man's beard, vase vine, virgin's bower

原産地　東アジアの温帯を中心に、広く北半球の温帯、南アメリカ、マダガスカル、オセアニア、熱帯アフリカに約300種以上が分布します。

テッセン

開花期　春～夏

特　徴　つる性の木本植物。花には花弁がなく、萼片が花弁状となって目立ち、ふつう4枚、ときに6枚または8枚あります。花は平開するか、杯状または鐘状になります。多数の雄しべや雌しべがあります。

栽培される主な種類

◆クレマチス・アルマンディー（*C. armandii*）　英：Armand clematis

中国中西部原産。本属の中では早く咲き、4月頃に開花します。白色の花は平開し、径4～5cmで、特有の甘い芳香があります。

◆テッセン（*C. florida*）　英：Asian clematis

中国中部原産。白色の花は平開し、径5～8cm。雄しべは紅紫色で、花弁状になる変種（var. *plena*）が知られます。日本では桃山時代から観賞用として栽培されています。

◆クレマチス・ジャックマニー（*C.* ‘Jackmanii’）　英：Jackman's clematis

中国原産のクレマチス・ランギノサ（*C. lanuginosa*）と地中海沿岸および中近東原産のクレマチス・ビティケラ（*C. viticella*）との交雑により育成された交雑種で、本属の栽培品種（クレマチス　p.225）の基になったものです。

◆ハンショウヅル（*C. japonica*）

本州、九州原産。花は紫色で、厚く、鐘状です。和名は、下向きに咲く花の形が半鐘に似ることに由来します。

◆クレマチス・モンタナ（*C. montana*）　英：anemone clematis

ヒマラヤ地方、中国西部原産。花は白～淡桃色で、ほぼ平開し、やや横向き
に咲きます。

◆カザグルマ（*C. patens*）

日本（本州、四国、九州北部）、朝鮮半島とそれに隣接する中国東北部原産。
淡紫～白色の花は平開し、径7～12cm。

◆センニンソウ（*C. terniflora*）

日本各地に原産します。白色の花は平開し、径2～3cmと小さく、上向きに咲
きます。果実には花柱が長く伸びた銀白色に毛があり、和名はそれを仙人の白
髭に見立てたことに由来します。

◆クレマチス

交雑により作出された栽培品種群を園芸上はクレマチスと総称しています。

人との関係

　日本には安土桃山時代にテッセンが中国から導入され、江戸時代中期にはカ
ザグルマの栽培品種が作出されています。ヨーロッパにはドイツ人の医師で博
物学者のシーボルト（1796～1866）がカザグルマを紹介し、その後に導入さ
れた中国産の野生種との交雑により品種改良が進みました。

クレマチス・アルマンディー

ハンショウヅル

クレマチス・ジャックマニー

センニンソウ

クレマチス・モンタナ

クレマチス 'ジョセフィーヌ'

☑ **有毒部位・成分**

全草、特に葉や茎の中に含まれる配糖体のラヌンクリン（ranunculin）が細胞組織の破壊とともに酵素分解により、二次的に有毒のプロトアネモニン（protoanemonin）を生成します。

☑ **人への健康被害**

汁液に触れるとかぶれや皮膚炎を引き起こします。民間療法で、扁桃炎の治療にセンニンソウの葉を揉んで汁液を手首に塗ったことにより、かぶれを生じたことが報告されています（指田・中山, 2012）。

☑ **リスク低減**

極めて一般的な園芸植物です。園芸作業で触れた後は、よく洗浄します。

グレビレアの仲間

グレビレア
'ロビン・ゴードン'

学　名	*Grevillea*
英　名	grevillea, spider flower

原産地　オーストラリアを中心に、一部がニューカレドニアなどに約 350 種が分布します。

開花期　主に夏

特　徴　常緑の低木または高木。花は頂生の穂状花序に密につき、全体が球状または円柱状になります。長い花柱が突出します。

栽培される主な種類

◆グレビレア・バンクシー（*G. banksii*）　英：red silky oak, Banks' grevillea
オーストラリアのクイーンズランド州東南部原産。葉は羽状複葉。花は赤色。

◆シルキーオーク（*G. robusta*）　英：southern silky oak, silky oak
オーストラリアのクイーンズランド州・ニューサウスウェールズ州原産。葉は羽状複葉。花は橙色。

◆グレビレア 'ロビン・ゴードン'（*G.* 'Robyn Gordon'）
グレビレア・バンクシーを片親とする交雑品種。オーストラリアでは極めて一般的な庭木、公園樹です。

人との関係

鉢植えで利用され、室内または温暖地の戸外で栽培されています。

☑ **有毒部位・成分**
　ウルシの有毒成分に似た5-トリデシルレソルシノール（英語化学名:grevillol）を含み、感受性の高い人にはアレルギー性接触皮膚炎を起こします。

☑ **人への健康被害**
　オーストラリアで接触皮膚炎がよく起こっています（Derraik・Rademaker, 2009）。ウルシと交差反応があります（西山, 1998）。

☑ **リスク低減**　園芸作業で触れた後は、よく洗浄します。

インドゴムノキの仲間

学 名	*Ficus*
英 名	fig trees, figs
原産地	熱帯および亜熱帯、特に東南アジア〜オーストラリアに約 850 種が分布します。
開花期	主に夏（花は観賞しない）
特 徴	高木〜低木、あるいはつる性の木本で、茎葉の切り口から白い乳液を出します。葉柄の基部には 2 枚の托葉が合着し、頂芽を包んでいますが、すぐに落ちます。花序の軸が肥大して壺状となり、その内側に小さな花を多数つけて、いちじく花序をつくります。

ベンジャミンゴムノキ ‘スター・ライト’

葉から出た乳液

栽培される主な種類

◆ベンジャミンゴムノキ（*F. benjamina*）

英：weeping fig, Benjamin's fig

南アジア、東南アジア〜オーストラリア北部、太平洋諸島南西部原産。高木〜低木。枝が垂れ下がり、優しい感じがするために観賞植物としてよく利用されています。葉は革質で光沢があり、卵状楕円形で、長さ 10cm ほど。斑入りの栽培品種として ‘スター・ライト’ などが知られます。

◆イチジク（*F. carica*）

英：common fig, fig

おそらく南西アジア原産。高さ 9m ほどになる落葉性の高木〜低木。果実は秋に熟すと濃い紫色になり、果樹として重要です。

◆インドゴムノキ（*F. elastica*）

英：rubber fig, rubber bush, rubber tree, rubber plant, Indian rubber bush

ヒマラヤ地方東部〜マレー半島北部原産。本来は高さ 30m ほどになる高木。光沢のある葉は厚く、革質、長楕円形〜楕円形で、長さ 20 〜 30cm ほどです。多くの栽培品種があり、室内の観葉植物として人気があります。

◆オオイタビ（*F. pumila*）

英：creeping fig, climbing fig

東南アジア原産。付着根でよじ登るつる性植物で、フィカス・プミラの名で幼苗を観葉植物として利用しています。'サニー'は白色小斑が入ります。

**　人との関係　**

　イチジクは果実を「無花果」と呼び、緩下剤にします。葉の美しいものは観葉植物としてよく利用されています。

イチジクの果実

オオイタビ'サニー'

インドゴムノキ'ティネケ'

☑ 有毒部位・成分

　乳液に光毒性物質であるフロクマリン類（furocoumarins）が含まれます。

☑ 人への健康被害

　光毒性接触皮膚炎といって、乳液が皮膚についた部分が紫外線に敏感になり、日光に当たると、紅斑、浮腫、大きな水疱を伴う皮膚炎を起こします。

☑ リスク低減

　乳液が皮膚についた場合は、水で洗い流し、日光に当たらないようにします。

ゼラニウムの仲間

ペラルゴニウム

学　名	*Pelargonium*
英　名	geraniums, storksbill
原産地	南アフリカおよび熱帯アフリカ

に約 280 種が分布します。

開花期	主に春～秋
特　徴	多くは常緑の多年草で、まれ

に一年草または低木。葉には特有の香りが
あります。花は茎頂または茎上部の葉腋から出る散形花序につきます。

栽培される主な種類

◆レモンゼラニウム（*P. crispum*）

英：lemon geranium

南アフリカ・ケープ州原産。葉は小さく、縮れています。葉にレモンのような香り
があります。

◆ペラルゴニウム（*P. × domesticum* ／異：*P. grandiflorum* hybrids）

英：regal pelargoniums

ペラルゴニウム・グランディフロルム（*P. grandiflorum*）とペラルゴニウム・クク
ラタム（*P. cucullatum*）などを交雑親とした栽培品種群です。一季咲きで、
葉には斑紋がありません。花は径 4 ～ 6cm で、花弁の上側 2 枚はやや大きく、
斑紋があることが多いです。

◆ゼラニウム（*P. × hortorum* ／異：*P. zonale* hybrids）

和：テンジクアオイ　英：zonal pelargoniums

ペラルゴニウム・ゾナレ（*P. zonale*）やペラルゴニウム・インクイナンス（*P.
inquinans*）などを交雑親とした栽培品種群です。四季咲きで、葉の表面に環
状の斑紋が入ります。葉の斑紋がよく目立つものは、斑入り葉ゼラニウムや観葉
ゼラニウムと呼んでいます。葉の縁に切れ込みがあり、モミジのような斑紋があ
る栽培品種群をモミジバゼラニウムと呼んでいます。

◆アイビー・ゼラニウム（*P. peltatum*）

和：ツタバゼラニウム　英：ivy-leaved pelargoniums

四季咲きで、小型の花をつけます。葉は厚く、光沢があります。茎はつる状に伸びます。

人との関係

花壇や鉢植えで利用します。

レモンゼラニウム

ゼラニウム

モミジバゼラニウム

アイビー・ゼラニウム

☑ **有毒部位・成分**

原因物質については不明です。

☑ **人への健康被害**

肌に葉や汁液が触れると、アレルギー性接触皮膚炎を引き起こすことがあります。

☑ **リスク低減**

アレルギー性接触皮膚炎を引き起こす場合、手入れをする時はゴム手袋を使用して、直接触れないようにします。

ピギーバックプラント

学　名	*Tolmiea menziesii*
英　名	piggyback plant, youth on age, thousand mothers
原産地	北アメリカ西部
開花期	栽培下で開花することはまれです。

特　徴　地下に根茎を持つ多年草で、全株に粗毛があります。葉身は卵状心臓形で、5〜7裂し、長さ5〜10cmほど。葉身の基部から子株を生じる姿が面白く、英名 piggyback（肩車草）はその様子に由来します。栽培品種 'バリエガタ' は、葉全体に黄緑色の斑点が散在します。

'バリエガタ'

人との関係

　観葉植物として、室内で栽培されます。

☑ 有毒部位・成分
　原因物質については不明です。

☑ 人への健康被害
　肌に葉や汁液が触れると、赤く腫れ、水ぶくれやかゆくなるなどの接触皮膚炎を引き起こすことがありますが、長引くことはありません。指や掌にかゆみが生じ、首やまぶたが赤くなり、かゆくなった事例が報告されています（Spoerke・Smolinske, 1990）。

☑ リスク低減
　園芸作業で触れた後は、よく洗浄します。

トウダイグサ科エノキグサ属

アカリファの仲間

ベニヒモノキ

学　名	*Acalypha*
原産地	熱帯および亜熱帯に約450種が分布します。
開花期	春～秋
特　徴	多くは木本で、まれに草本。花は小さく、

花弁を欠き、穂状花序（すいじょうかじょ）に多数つきます。

アカリファ／ムサイカ

栽培される主な種類

◆ベニヒモノキ（*A. hispida*）

英：chenille plant, red-hot cattail

おそらくインドネシアまたはニューギニア原産。高さ1 ～
4mになる低木です。葉は広卵形（こうらん）で、長さ15cmほど。
赤色の穂状花序は長さ20 ～ 30cmで、ひも状に垂れ下がります。

◆アカリファ（*A. wilkesiana*）　英：beefsteakplant, copperleaf, Jacob's-coat
太平洋諸島原産。高さ4 ～ 5mになる低木です。葉は変化に富み、栽培品
種によりさまざまな模様が入ります。

人との関係

鉢物や夏季の花壇に植えつけて観賞します。熱帯・
亜熱帯地方では極めて一般的な庭木、公園樹です。

☑ 有毒部位・成分

　全株に、青酸配糖体（cyanogenic glycoside）とテルペンエステル
（terpene ester）を含みます。

☑ 人への健康被害

　汁液が肌や眼につくと、短時間のうちに皮膚炎を引き起こします。
誤って口にすると胃腸障害を引き起こします。

☑ リスク低減

　園芸作業はゴム手袋などを着用するとともに、皮膚に汁液が付着し
た場合は、石鹸と水で十分に洗浄します。眼に入った場合は、流水で
15分以上洗浄します。

クロトン

学 名	*Codiaeum variegatum*
異 名	*C. variegatum* var. *pictum*
英 名	garden croton, variegated croton

原産地 インド南部、スリランカ、インドネシア、マレーシア、太平洋諸島西部

開花期 主に夏（花は観賞しない）

特 徴 高さ1〜2mになる低木。葉は非常に変異があり、線形〜卵状披針形（ひしん）で、葉縁（ようえん）は全縁（ぜんえん）または裂けて、ときには主脈まで切れ込むことがあります。

人との関係

鉢物や夏季の花壇に植えつけて観賞します。熱帯・亜熱帯地方では極めて一般的な庭木、公園樹です。

マレーシアにて

☑ 有毒部位・成分

全株に、テルペンエステル（terpene ester）を含みます。

☑ 人への健康被害

汁液が肌につくと、頻繁に接触する機会が多い生産者などでは、発疹（ほっしん）を伴うアレルギー性皮膚炎を引き起こします。誤って口にすると、吐き気、嘔吐（おうと）、下痢を引き起こします。

☑ リスク低減

生産者などのように頻繁に触れる場合は、園芸作業はゴム手袋などを着用するとともに、皮膚に汁液が付着した場合は、石鹸と水で十分に洗浄します。

ナンキンハゼ

別　名	トウハゼ、カンテラギ
学　名	*Triadica sebifera*
異　名	*Sapium sebiferum*
英　名	Chinese tallow tree, Florida aspen, chicken tree, gray popcorn tree, candleberry tree
原産地	中国中・南部
開花・結実期	初夏・秋

果実と白色の種子

特　徴　高さ6mほどになる落葉高木。葉はひし状広卵形（こうらん）で、秋には美しく紅葉します。小さな花は長さ10cmほどの総状花序（そうじょうかじょ）につきます。果実は秋に熟し、中に種子を3個含みます。種子の表面は白色のロウ物質で覆（おお）われます。

紅葉したナンキンハゼ

人との関係

　種子の油からロウを採り、ロウソクや石鹸の原料とします。根は「烏臼木根（うきゅうぼくこん）」と呼び、中国では住血吸虫症の治療薬とし、根茎は利尿薬とします。美しく紅葉し、庭木、街路樹、公園樹としてよく利用されます。

☑ **有毒部位・成分**
　全株、特に樹液や種子の油に、ジテルペンエステル（diterpene ester）のホルボールエステル類（phorbol ester）を含みます（佐竹, 2012）。ホルボールエステル類には発がん作用があります。

☑ **人への健康被害**
　皮膚に樹液や種子の油がつくと、皮膚炎を引き起こすといわれています（佐竹, 2012）。

☑ **リスク低減**
　皮膚に樹液が付着した場合は、石鹸と水で十分に洗浄します。

ユーフォルビアの仲間

| 学　名 | *Euphorbia* |

| 原産地 | 全世界に約 1,900 種が広く分布

します。

| 開花期 | 種類によります。

| 特　徴 | 多様で草本または低木から木本
です。乳管があり、茎葉の切り口から乳液を出
します。

ハナキリン

栽培される主な種類

◆ユーフォルビア・カラキアス（*E. characias*）
英：Mediterranean spurge
地中海沿岸西部、ポルトガル原産。高さ 1 ～
1.5m になる耐寒性の強い多年草。花は 4 ～
7 月に開花し、総苞^{そうほう}は円形です。本種とユーフ
ォルビア・アミグダロイデス（*E. amygdaloides*）
との交雑種ユーフォルビア・マルティニ（*E. ×
martini*）もよく栽培されます。

葉の切り口から出た乳液

◆ショウジョウソウ（*E. heterophylla*）
英：Japanese poinsettia, paintedleaf
中央アメリカ、ボリビア原産。高さ 50cm ほどの耐寒性の強い一年草または多
年草。晩夏から秋にかけて、枝先の葉が朱紅色に色づきます。

◆ユーフォルビア・ラクテア（*E. lactea*）
園：帝錦^{みかどにしき}　英：mottled spurge, candelabra cactus, dragon bones
柱サボテンによく似た高さ 5m ほどになる多肉性の低木。インド原産。綴化^{てっか}
（石化^{せっか}）した栽培品種 'クリスタタ' がよく栽培されます。

◆ハナキリン（*E. milii*）
英：crown of thorns, Christ plant, Christ thorn
マダガスカル原産。高さ 2m ほどになる低木で、枝には刺^{とげ}があります。苞^{ほう}が赤
色などに美しく色づきます。

◆ポインセチア（*E. pulcherrima* ／異：*Poinsettia pulcherrima*）

英：poinsettia, Christmas star, Christmas flower, lobster plant, Mexican flame leaf, painted leaf, winter rose

メキシコ西部原産。高さ3mほどになる低木です。杯状花序は茎頂に集散状につき、基部には苞葉があり、赤色などに着色して観賞部となります。杯状花序には1～2個の腺体があり、甘い蜜を出します。園芸上は、異名の属名よりポインセチアと呼ばれます。

◆ミルクブッシュ（*E. tirucalli*）

園：青珊瑚、緑珊瑚　英：milk bush, pencil tree, sticks on fire

熱帯アフリカ、南アフリカ原産。高さ5～9mほどになる低木。葉は小さく、早くに落ちます。枝は径5～7mmの棒状。

◆ペディランツス（*E. tithymaloides* subsp. *smallii* ／
異：*Pedilanthus tithymaloides* subsp. *smallii*）

西インド諸島。高さ1～2mになる低木で、基本種に対し、茎が節ごとにジグザグ状に曲がります。葉に白と赤の斑が入る'バリエガツス'がよく栽培されます。

ユーフォルビア・カラキアス

ユーフォルビア・マルティニ

ショウジョウソウ

ユーフォルビア・ラクテア'クリスタタ'

耐寒性の強いものは花壇に、熱帯性のものは鉢物として利用されます。ポインセチアは、日本も含む北半球の高緯度地域では、冬期に苞葉が色づくため、クリスマスの花として親しまれています。

ポインセチア 'グートビア・V-14・グローリー'

ミルクブッシュ

ペディランツス 'バリエガッス'

☑ **有毒部位・成分**

全株、特に樹液にジテルペンエステル（diterpene ester）のホルボールエステル類（phorbol ester）などを含みます。ホルボールエステル類には発がん作用があります。

☑ **人への健康被害**

白色の乳液が肌につくと皮膚炎を引き起こし、眼につくと激しい痛みがあります。誤って口にすると、吐き気、嘔吐、下痢などを引き起こすことがあります。特に、ユーフォルビア・ラクテアとミルクブッシュは症状が激しいと思われます。

ポインセチアは、かつてはハワイで幼児の死亡事故があったことから毒性が過大評価されていましたが、最近の研究では心配されるほどの毒性はなく、最悪でも吐き気や嘔吐程度とされます（佐竹, 2012）。

☑ **リスク低減**

皮膚に樹液が付着した場合は、石鹸と水で十分に洗浄します。

ジンチョウゲ

別　名	チンチョウゲ
学　名	*Daphne odora*
英　名	winter daphne
原産地	中国中部～雲南省、ヒマラヤ
開花期	早春

特　徴　雌雄異株の高さ1mほどにな
る常緑低木で、株元からよく分枝し、自然に
半球状の樹形となります。葉は厚く、光沢が
あり、倒披針形です。花は2～3月に枝先
に頭状に集まってつき、白～淡紫色で、沈
香に似た香りがあります。花弁を欠き、花弁のようにみえるのは先端が4裂した
肉質の萼筒です。日本には室町時代中期に雄株のみが渡来したとされ、近年、
雌株が導入されましたが、結実をみるのはまれです。

人との関係

　春を呼ぶ香りのよい庭木として知られます。中国では、花を「瑞香花」と呼び、
歯痛治療薬、リウマチ治療薬として、根を「瑞香根」と呼び、胃痛治療薬、
打撲傷治療薬や毒蛇の咬傷治療薬として使用するといわれます。

☑ **有毒部位・成分**
　全株に、クマリンの1種のダフネチン（daphnetin）を含みます。

☑ **人への健康被害**
　樹液が皮膚につくと皮膚炎を起こします。誤って口にすると口内炎、
胃炎を引き起こします（佐竹, 2012）。

☑ **リスク低減**
　樹液が皮膚についた場合は、水で洗い流し、枝などを誤って口にくわ
えないようにします。

ミツマタ

学　名	*Edgeworthia chrysantha*
異　名	*E. papyrifera*
英　名	mitsumata, oriental paperbush, paperbush
原産地	中国
開花期	春
特　徴	高さ1～2mになる落葉低

木です。枝はふつう3本ずつに分枝し、和名の由来となっています。3～4月、葉の展開に先だって、枝先に球状に花をつけます。黄色の花は長さ10mm、径3mmほどです。花弁を欠き、花弁のようにみえるのは先端が4裂した肉質の萼筒（がくとう）で、外面には密に長白毛があります。果実は痩果（そうか）で、7月頃に熟します。

人との関係

樹皮に靱皮繊維（じんぴ）が発達し、和紙の原料とし、主に紙幣や証書類、株券などに用いられます。

☑ **有毒部位・成分**

全株、特に果実に含まれるクマリン配糖体（coumarin glycoside）といわれています。

☑ **人への健康被害**

樹液が皮膚につくと皮膚炎を起こすことがあります。誤って口にすると口内炎、胃炎などを引き起こすことがあります（佐竹, 2012）。

☑ **リスク低減**

樹液が皮膚についた場合は、水で洗い流し、枝などを誤って口にくわえないようにします。

ウルシ科

マンゴー

学　名	*Mangifera indica*
英　名	mango
原産地	北部インドからミャンマー、マレーシア
開花・結実期	地域により異なります。
特　徴	高さ10 〜 20 m以上になる常

果実

緑高木で、よく分枝してドーム状の樹形となります。葉は長楕円形で、平滑、長さ15 〜 30㎝。枝先の円錐花序に500 〜 2,000 個の小さな花がつきます。花は黄緑色で、単性花（ふつう雄花）と両性花が混在しています。単性花の方が多いので、果実は1花序に数個つく程度です。果実の形態や大きさは品種によってかなり異なりますが、勾玉状をした丸形、倒卵形、長楕円形でやや扁平です。果皮は黄、緑、赤色となります。果実の中の大きな種子は1個で、扁平な紡錘形をしています。

人との関係

トロピカルフルーツとして食用とします。

☑ 有毒部位・成分

果皮、果肉、果汁に、アレルギー作用のあるウルシオール類似物質が含まれます。

☑ 人への健康被害

摂取して1〜2日後に唇、口囲にかゆみを伴う浮腫性紅斑と紅色丘疹、小水疱が出現し、次第に手指や顔面全体に拡大し、その後、頸部、前胸部、陰部に拡大することもあります（大日本住友製薬）。

☑ リスク低減

ウルシ科植物にアレルギーを持つ人の肌などに少しでも触れるとかぶれを起こすおそれがあります。

ヘンルーダ

学　名	*Ruta graveolens*
英　名	rue, common rue, herb-of-grace
原産地	バルカン半島、南ヨーロッパ
開花期	初夏〜夏

特　徴　高さ60〜90cmになる常緑の多年草。葉は羽状複葉または羽状に深裂し、強い香りを放ちます。黄色の花は径1.5〜2cmで、散房花序につきます。果実は径1cmほどに蒴果です。

人との関係

ハーブとして利用します。ヨーロッパでは民間薬として、全草を月経誘発のためや、胃腸内にたまったガスの排出を促進する薬として用いられていました。漢名は「芸香」といい、栞に使うと本の虫食いを防ぐといわれています。

果実

☑ 有毒部位・成分

汁液に光毒性物質であるフロクマリン類（furocoumarins）が含まれます。

☑ 人への健康被害

光毒性接触皮膚炎といって、汁液が皮膚についた部分が紫外線に敏感になり、日光に当たると、24時間以内にやけどのように紅斑、浮腫、大きな水疱を伴う皮膚炎を起こします。多量に食べると、ひどい胃痛と嘔吐を引き起こすことがあります。

☑ リスク低減

汁液が皮膚についた場合は、水で洗い流し、日光に当たらないようにします。

ルリマツリ

学　名	*Plumbago auriculata*
異　名	*P. capensis*
英　名	blue plumbago, Cape plumbago, Cape leadwort
原産地	南アフリカ
開花期	春〜秋
特　徴	高さ1.5mほどになる低

木。株の上部でよく分枝し、枝はや
や垂れ下がります。花は茎頂の穂状
花序につきます。花は高盆形で、淡
青色。白花品種'アルバ'も知られます。
比較的耐寒性が強く、暖地では戸外
で越冬できます。

人との関係

　鉢植えのほか、暖地では庭木とし
て利用されています。

'アルバ'

☑ **有毒部位・成分**

　全株、特に根にプルンバギン（plumbagin）を含みます。

☑ **人への健康被害**

　根、葉、茎が肌につくと、痛みを生じ、赤く腫れます。

☑ **リスク低減**

　極めて一般的な園芸植物です。園芸作業で触れた後は、よく洗浄しま
す。

金烏帽子（キンエボシ）

学　名	*Opuntia microdasys*
英　名	bunny ears
原産地	メキシコ
開花期	大きな株でないと開花しま

せん。

特　徴　明緑色の長楕円形（だえん）の葉のような茎（茎節）を出して群生します。茎節は長さ10cm ほどになります。長さ３〜6mm ほどの濃黄色の芒刺（ぼうし）が密に生えています。小さい茎節が２本出るとウサギの耳のようであることが英名の由来です。日本でもゴールデン・バニーの名で流通しています。変種の白桃扇（var. *albispina*）は芒刺が白色で、ホワイト・バニーの名で流通しています。

芒刺

人との関係

愛らしい草姿から鉢物として、室内で観賞されています。

白桃扇

☑ **有毒部位・成分**

茎節に密に生える芒刺。

☑ **人への健康被害**

芒刺は容易にはずれ、刺（とげ）には微細な逆刺があります。刺さった芒刺を皮膚から抜き取ると、逆向きの突起があり、一部が残って、しこりになります。

☑ **リスク低減**

室内で観葉植物としてよく栽培されています。子どもや認知障害がある人、ペットなどに対しては、手の届かない場所で管理するようにしましょう。芒刺は衣服にもよく付着し、なかなか取れないので注意します。

ハナミズキ

別　名	アメリカハナミズキ
学　名	*Cornus florida*
異　名	*Benthamidia florida*
英　名	flowering dogwood
原産地	北アメリカ東部
開花期	春
特　徴	高さ4〜10mになる小

高木。葉は楕円形または卵形、長さ8
〜10cmで、秋に紅葉します。花は葉
が展開する4〜5月に開花します。花
弁のようにみえるのは4枚の総苞片
で、白やピンク色などに色づき、よく
目立ちます。果実は石果で、10月頃に
熟します。

人との関係

　庭木や公園樹、庭園樹として人気
があります。樹皮を収れん薬、強壮
薬とします。

葉と果実

☑ **有毒部位・成分**
　葉表面の毛に刺激性物質を含むとされますが、詳細は不明です。

☑ **人への健康被害**
　肌に葉が触れると、皮膚炎を起こすことがあります。

☑ **リスク低減**
　皮膚炎を起こす場合は、触れないように注意します。

アラマンダの仲間

学　名	*Allamanda*
原産地	熱帯アメリカに約14種が分布します。
開花期	主に初夏〜夏
特　徴	常緑のつる性木本または低木。茎葉

の口からは白い乳液を出します。花は漏斗形で、1
花柄に数個がまとまってつき、次つぎと開花します。

アリアケカズラ

栽培される主な種類

◆アリアケカズラ（*A. cathartica*）　英：common
allamanda, golden trumpet, yellow allamanda
南アメリカ原産。つる性木本。漏斗形の花は先が5
裂し、径5〜7cmで、鮮やかな黄色です。

ヒメアリアケカズラ

◆ヒメアリアケカズラ（*A. schottii*／異：*A. neriifolia*）　英：bush allamanda
熱帯アメリカ原産。低木状になります。漏斗形の花は黄色で、喉部は濃黄色に
なります。

人との関係

熱帯・亜熱帯地方ではパーゴラ、フェンスに誘引してよく栽培されています。

☑ **有毒部位・成分**

全株にアラマンジン（allamandin）などを含みますが、健康被害との
関連性は明らかではありません。

☑ **人への健康被害**

乳液が肌につくと乾燥発疹を、眼につくと激しい痛みを引き起こす
可能性があります。誤って口にすると吐き気、腹痛や下痢を引き起こす
ことがあります。

☑ **リスク低減**

剪定などの園芸作業で乳液が直接触れないように、ゴム手袋の着用
をします。

ブルースター

学　名	*Oxypetalum caeruleum*
異　名	*Tweedia caerulea*
原産地	ブラジル南部、ウルグアイ
開花期	初夏〜秋

特　徴　多年草で、茎は1mほどに伸びます。茎葉の切り口から白い乳液が出ます。花は葉腋（ようえき）に1〜数個が集散花序（しゅうさんかじょ）につき、径3cmほど。花色は淡青で、老化すると濃青になります。ブルースターやオキシペタラムの名で流通しています。長さ15cmほどの果実は紡錘形（ぼうすい）の袋果（たいか）で、中には長い毛を持つ種子が含まれます。

花

人との関係

　花壇に植えるほか、近年は切り花として人気があります。

果実と長い毛を持つ種子

☑ 有毒部位・成分

　乳液中のどの成分が、アレルギーの原因となる抗原（アレルゲン）になるかはわかっていません。

☑ 人への健康被害

　花屋の店員のように毎日この花を扱うと、アレルギー性の接触皮膚炎を引き起こします。手がまずかぶれてかゆくなり、その手で眼をこすると、眼のまわりや顔に赤くかゆい皮膚炎が生じます（指田・中山, 2012）。

☑ リスク低減

　頻繁に触れる場合は、ゴム手袋などを着用するとともに、皮膚に乳液が付着した場合は、石鹸と水で十分に洗浄します。

テイカカズラ

学　名	*Trachelospermum asiaticum*
英　名	Asiatic jasmine
原産地	朝鮮半島、日本の本州〜四国、

九州地方

開花期	初夏

特　徴　つる性木本で、付着根を出して他物に付着します。白色の花にはジャスミンのような芳香があり、後に黄色に変わり、径1.5〜2.5cmで、まばらな集散花序につきます。栽培品種に葉に斑が入るハツユキカズラ、葉が赤みを帯びるゴシキカズラが知られます。

テイカカズラの花

ハツユキカズラ

人との関係

和名は、平安時代末期の皇女である式子内親王（1149？〜1201）を愛した藤原定家（1162〜1241）が、死後も彼女を忘れられず、本種に生まれ変わって親王の墓にからみついたという伝説に由来しています。斑入りの栽培品種は、ガーデニング素材として人気があり、寄せ植えなどによく利用されます。

☑ **有毒部位・成分**

乳液には、排便を促す作用のあるトラチェロシド（tracheloside）が含まれますが、人への健康被害との因果関係は不明です（佐竹, 2012）。

☑ **人への健康被害**

乳液に触れるとかぶれることがあります。

☑ **リスク低減**

皮膚に乳液が付着した場合は、石鹸と水で十分に洗浄します。

トウガラシの仲間

学　名	*Capsicum*
英　名	peppers
原産地	熱帯アメリカに 10 種が分布

します。

ゴシキトウガラシ

カプシカム・シネンセ
'ハバネロ'

開花・結実期	春〜夏・夏〜秋

特　徴	基部からよく分枝する低木状の多

年草。花は葉腋に1〜数個つきます。果実は乾
質の液果で、熟すと赤、橙、黄色などに色づきます。

栽培される主な種類

◆トウガラシ（*C. annuum*）

英：capsicum pepper, chili pepper, red pepper

北アメリカ南部、南アメリカ北部原産。観賞用としてゴシキトウガラシが知られます。

◆カプシカム・シネンセ（*C. chinense*）　英：yellow lantern chili

熱帯アメリカ原産。'ハバネロ' がよく知られ、果実は熟すと橙のほか、白、ピン
ク色になります。辛みの強いことで知られます。

人との関係

香辛料として重要です。辛味性の健胃薬とします。

☑ 有毒部位・成分

　果実、種子にアルカロイドの辛味成分カプサイシン（capsaicin）を含
みます。

☑ 人への健康被害

　皮膚につくと焼けるような痛みが長時間続き、発赤（皮膚や粘膜の
一部が充血して赤くなること）を引き起こします。眼などの粘膜につく
と、激しい痛みを引き起こします。

☑ リスク低減

　皮膚に汁液が付着した場合は、石鹸と水で十分に洗浄します。

ノウゼンカズラの仲間

学　名	*Campsis*
英　名	trumpet creeper, trumpet vine
原産地	東アジアと北アメリカに 2 種が分

布します。

開花期	夏〜秋
特　徴	落葉性のつる性木本。花は橙

黄または緋色で、茎頂の集散花序または円錐
花序につきます。

ノウゼンカズラ

栽培される主な種類

◆ノウゼンカズラ（*C. grandiflora*）

英：Chinese trumpet vine

中国中部〜南部原産で、日本には平安時代に
渡来しました。花は橙色、径 6cm ほどで、横向きに咲きます。

アメリカノウゼンカズラ

◆アメリカノウゼンカズラ（*C. radicans*）

英：American trumpet vine

北アメリカ東南部原産。前種に比べて、花は細長く径 4cm ほどです。前種と
の交雑種も知られます。

人との関係

　中国では、ノウゼンカズラの花と茎葉を利尿薬、通経薬とします。

☑ 有毒部位・成分
　全株、特に花にラパコール（lapachol）を含みます。

☑ 人への健康被害
　汁液が皮膚につくと数日間続く皮膚炎を起こすことがあり、眼に入る
と瞳孔散大などを引き起こす可能性があります。

☑ リスク低減
　皮膚に汁液が付着した場合は、石鹸と水で十分に洗浄します。

コリウス

和　名	キンランジソ、ニシキジソ
学　名	*Coleus scutellarioides*
異　名	*C. blumei, Plectranthus scutellarioides,* *Solenostemon scutellarioides*
英　名	painted nettle
原産地	熱帯アジア
開花期	夏（花は観賞対象としない）

特　徴　本来は多年草ですが、園芸上は一年草として扱います。草丈20〜80cm。対生する葉は、栽培品種によりさまざまな形や大きさ、模様があります。ヒメコリウスは、葉が小さく、地表を這うように生育します。

人との関係

美しい葉を観賞し、花壇や鉢物、生け花素材として利用します。

コリウス

ヒメコリウス

☑ 有毒部位・成分

全草に、アレルゲンとなるコレオンO（coleon O）と呼ばれるジテルペンを含みます。

☑ 人への健康被害

アレルギー性接触皮膚炎を引き起こすことがあります（Spoerke・Smolinske, 1990）。

☑ リスク低減

アレルギーが生じた時は、直接触れないようにします。

セイヨウニンジンボク

学　名	*Vitex agnus-castus*
英　名	chaste tree, chasteberry, Abraham's balm, monk's pepper, vitex
原産地	南ヨーロッパ、西アジア
開花期	夏
特　徴	高さ 2 ～ 3m になる落葉性の低木。全株に臭気があり、やや灰色の毛が生えています。淡紫色の小さな花は 7 ～ 9 月に開花し、茎頂の円錐花序（えんすい）（かじょ）につきます。白花も知られます。

人との関係

　古代からよく知られ、紀元前 8 世紀末に活躍したホメロスによるトロイ戦争の叙事詩『イーリアス』において悪魔よけのシンボルとされます。英名の chaste tree は「貞淑な木」という意味で、性欲を抑えるために修道士が嚙んだといわれています。女性ホルモンの正常化に効果があるとされます。果実を感冒（かんぼう）、リウマチの治療薬に用います。日本には明治時代中期に渡来しました。

☑ **有毒部位・成分**
有毒成分は不明です。

☑ **人への健康被害**
肌に触れると、吐き気やめまい、皮膚炎を引き起こします。

☑ **リスク低減**
剪定（せんてい）作業中によく事故が起こるので、作業中は直接肌に触れないように注意します。

キキョウ科

イソトマ

別　名	ローレンティア
学　名	*Isotoma axillaris*
異　名	*Laurentia axillaris*
英　名	rock isotome
原産地	オーストラリアのクイーンズ

ランド州、ニューサウスウェールズ州、ビク
トリア州

開花期	主に夏

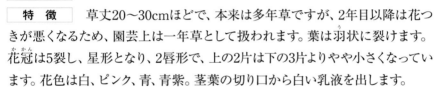

特　徴　草丈20〜30cmほどで、本来は多年草ですが、2年目以降は花つきが悪くなるため、園芸上は一年草として扱われます。葉は羽状に裂けます。花冠(かかん)は5裂し、星形となり、2唇形で、上の2片は下の3片よりやや小さくなっています。花色は白、ピンク、青、青紫。茎葉の切り口から白い乳液を出します。

人との関係

　耐暑性が強く、暑い夏にもよく開花するため、近年、夏季の花壇や鉢物によく人気があります。

☑ 有毒部位・成分
　白い乳液に含まれると思われますが、毒性成分は不明です。

☑ 人への健康被害
　2011年7月、兵庫県宝塚市の市立小学校において、花壇に植えたイソトマの花を手入れしていた3年の児童7人が目の痛みを訴えて病院に搬送されています。急性結膜炎(けつまくえん)と診断されましたが、全員が軽症でした。7人は花を触った後に眼をこすったとみられます。

☑ リスク低減
　汁液が皮膚についた場合は、水で洗い流し、触れた手で眼をこすらないようにします。

イエギク

学　名	*Chrysanthemum × morifolium*
英　名	florist's chrysanthemum, mum
原産地	中国原産の野生種であるチョウ

センノギクとハイシマカンギクの自然または人為交雑種と推測されています。

開花期	自然開花期は秋
特　徴	多年草で、茎頂に舌状花（ぜつじょうか）と管状

花からなる頭花（頭状花序）をつけます。極めて多くの栽培品種があります。

人との関係

　日本では重要な園芸植物で、切り花、鉢物、花壇素材として利用されています。食用とする食用菊も知られます。日本には奈良時代末から平安時代初めに渡来しました。

☑ 有毒部位・成分

　花と葉に、キク科植物に共通して含まれるセスキテルペンラクトン系物質（sesquiterpene lactones）のアラントラクトン（alantolactone）が含まれます。

☑ 人への健康被害

　生産者や花屋店員、葬儀社など、長期間にわたり大量に扱っている人に、職業性接触皮膚炎を引き起こし、手、前腕、顔面、頸部（けい）や項部（こう）（首）などの露出部位によく発生します（大日本住友製薬）。かゆみを伴う発赤（ほっせき）（皮膚や粘膜の一部が充血して赤くなること）や腫れが認められます。

☑ リスク低減

　一般にはほとんど心配ありませんが、日常的に触れる場合、手袋の着用をすすめます。

キク科

ダリア

和　　名	テンジクボタン
学　　名	*Dahlia* cvs.
異　　名	*D. pinnata*
英　　名	garden dahlia

来　　歴　ダリア・コッキネア（*D. coccinea*）、ダリア・メルキー（*D. merckii*）、ダリア・ピンナタ（*D. × pinnata*）、ダリア・フアレイシー（*D. juarezii*）などの交雑により育成された栽培品種群。

開花期　初夏〜秋

特　　徴　花の大きさにより、花径 30cm 以上を超巨大輪、26 〜 30cm を巨大輪、20 〜 26cm を大輪、10 〜 20cm を中輪、3 〜 10cm を小輪、3cm 以下を極小輪と分類されています。

 人との関係

　切り花としてよく利用されます。また、各地でダリア園が開設され、人気のほどがうかがえます。

☑ **有毒部位・成分**

　花と葉に、セスキテルペンラクトン系物質(sesquiterpene lactones)のアラントラクトン（alantolactone）が含まれます。

☑ **人への健康被害**

　長期間にわたり大量に扱っている人に、職業性の接触皮膚炎を引き起こし、イエギク（p.254）と同様の症状を引き起こします。ダリア園などの職員も注意が必要です。マーガレット（*Argyranthemum frutescens*）、ヒマワリ（*Helianthus annuus*）、ミヤコワスレ（*Aster savatieri* 'Miyakowasure'）、レタス（*Lactuca sativa*）なども同様です。

☑ **リスク低減**

　日常的に触れる場合、手袋の着用などの対応が必要です。

カクレミノ

学　名	*Dendropanax trifidus*

異　名	*D. iriomotensis*

原産地　日本（宮城以南の本州、四国、九州、琉球）、朝鮮半島、台湾

開花期　夏

特　徴　高さ5〜7mの常緑小高木。若枝の葉身は卵円形で3〜5裂し、花のつく枝では長楕円形〜卵状楕円形、長さ5〜14cm。7〜8月に、枝先に散形花序をつけます。小さな花は淡黄緑色で、両性花と雄花があります。

葉

人との関係

　日陰でもよく生育するので、茶庭や日陰の庭木、玄関脇によく植えられます。和名カクレミノは、3裂した葉の形が、鬼や天狗の持ち物で、着ると姿を隠すことができるとされる「隠れ簑」に似ていることに由来します。

☑ **有毒部位・成分**
　葉にアレルゲンとなるファルカリノール(falcarinol)を含みます。ウルシオール（urushiol）の存在を予想されていましたが、近年の研究により否定されました。

☑ **人への健康被害**
　体質により、肌が弱い方は遅延性皮膚炎を引き起こします。

☑ **リスク低減**
　剪定する際は肌が出ないように服装に注意し、手袋を着用します。

ヤツデ

学　名	*Fatsia japonica*
英　名	false castor oil plant, glossy-leaf paper plant, paperplant, Japanese aralia
原産地	本州（茨城県以南）、四国、九州
開花期	初冬〜冬
特　徴	高さ 1.5 〜 3m になる常緑低木で、地際からよく枝分かれします。葉には長い葉柄があり、葉身は 5 〜 9 深裂し、長さ 10 〜 30cm で、天狗のウチワを思わせます。花は枝先の円錐花序につけます。葉に斑紋が入る栽培品種が知られています。

人との関係

　日陰でもよく生育し、庭木としてよく栽培されます。和名のヤツデは、葉身が掌状に深い切れ込みがあることに由来します。

葉

☑ 有毒部位・成分　　☑ 人への健康被害　　☑ リスク低減

カクレミノ（p.256）と同様です。

ヘデラの仲間

学 名	*Hedera*
英 名	ivy
原産地	ヨーロッパ、地中海沿岸～東アジアに13種が分布します。
開花期	株が成熟しないと開花しません。
特 徴	常緑のつる性木本、まれに低木状。

株が若い幼期では付着根を出してよじ登り、葉は掌状（しょう）に浅く裂けます。成熟期では付着根は生じず、よじ登ることもなく、葉はふつう裂けません。鉢栽培では幼期を利用しています。

栽培される主な種類

◆カナリーキヅタ（*H. canariensis*）　英：Canaries ivy

カナリア諸島、北アフリカ原産。幼期の葉は卵形で、全縁（ぜんえん）から3～7浅裂（せん）します。戸外のグランドカバーとしてよく利用されます。

◆セイヨウキヅタ（*H. helix*）　英：common ivy

ヨーロッパ、西アジア原産。幼期の葉は3～5浅裂します。500以上の栽培品種があります。

人との関係

最もよく知られた観葉植物のひとつです。セイヨウキヅタは葉を慢性カタル、黄疸（おうだん）、結石の治療薬とします。

☑ 有毒部位・成分

　果実と葉に、サポニンの1種ヘデリン（hederin）と、アレルゲンとなるファルカリノール（falcarinol）を含みます。

☑ 人への健康被害

　刺激性、まれにアレルギー性の接触皮膚炎を引き起こし、ひどい場合は水疱（すいほう）を伴います。

☑ リスク低減

　日常的に触れる場合、ゴム手袋の着用をすすめます。

ポリスキアスの仲間

学　名	*Polyscias*

| 原産地 | ポリネシアと熱帯アジアに約100種が |

分布します。

| 開花期 | 栽培下で開花することはまれです。 |

| 特　徴 | 常緑の低木〜小高木。葉は多くは1 |

〜3回羽状複葉で、若い時期には単葉も生じます。

ポリスキアス・バルフォリアナ
'マルギナタ'

栽培される主な種類

◆ポリスキアス・バルフォリアナ（*P. balfouriana*）

ニューカレドニア原産。高さ7〜8mの小高木。葉はふつう3出複葉で、ときに単葉が生じます。葉に白色覆輪が入る'マルギナタ'などがよく栽培されます。

◆オオバアラリア（*P. guilfoylei*）

マレー群島原産。高さ4〜5mの低木。葉は1回羽状複葉で、小葉は卵形〜円形。

オオバアラリア

人との関係

　観賞植物として室内で利用され、熱帯・亜熱帯地方では戸外の景観樹として多用されます。

☑ 有毒部位・成分

　全株に、サポニンの1種と、アレルゲンとなるファルカリノール（falcarinol）を含みます。

☑ 人への健康被害

　日常的に扱う場合、局部的な痛みや発赤（皮膚や粘膜の一部が充血して赤くなること）、腫れを引き起こします。

☑ リスク低減

　ヘデラの仲間（p.258）と同様です。

シェフレラの仲間

ブラッサイア

学　名	*Schefflera*
原産地	熱帯・亜熱帯に600種が分布します。
開花期	主に夏
特　徴	常緑の低木～小高木。葉はふつ

う掌状複葉。花は小さく、茎頂の散形花序につき、それらが集まって総状または円錐状になります。

栽培される主な種類

◆ブラッサイア（*S. actinophylla* ／異：*Brassaia actinophylla*）

和：フカノキ　英：octopus tree, Queensland umbrella tree

ニューギニア、熱帯オーストラリア原産。園芸上は、異名よりブラッサイアと呼ばれます。高さ10mになる高木。小葉は7～16個で、長さ10～30cm、光沢があります。

◆シェフレラ（*S. arboricola*）

シェフレラ‘ホンコン・バリエガタ’

和：ヤドリフカノキ　英：dwarf umbrella tree

台湾原産。俗に「カポック」と呼ばれます。高さ3～7mほどになる低木。小葉は7～9個で、長さ8～10cmほど。栽培品種‘ホンコン’は最も一般的なもので、小葉はやや肉厚で丸みがあります。葉に黄白色の斑が入る‘ホンコン・バリエガタ’が知られます。近属、前種ともに *Heptapleurum* 属に含まれるとの説もあります。

人との関係

最も一般的な観葉植物のひとつです。

☑ 有毒部位・成分

葉にアレルゲンとなるファルカリノール（falcarinol）と、恐らくシュウ酸塩を含みます。

☑ 人への健康被害

アレルギー性の接触皮膚炎を引き起こします。

☑ リスク低減

ヘデラの仲間（p.258）と同様です。

セリ科

ホワイトレースフラワー

和　名	ドクゼリモドキ
学　名	*Ammi majus*
英　名	false bishop's weed, lady's lace, laceflower
原産地	地中海沿岸
開花期	夏～初秋
特　徴	高さ1mほどになる一年

草。花は複散形花序につき、全体とし
て径6～10cmになります。花は極めて
小さく、白色の5弁花です。

人との関係

　果実には、光毒性物質であるフロクマリン類（furocoumarins）を大量に含むため、光感促進作用があり、古くから白斑病の治療薬とされます。フラワーアレンジの添え花としてよく利用されています。

☑ 有毒部位・成分
　全草、特に果実、種子に光毒性物質であるフロクマリン類を含みます。

☑ 人への健康被害
　光毒性接触皮膚炎といって、汁液が皮膚についた部分が紫外線に敏感になり、日光に当たると、皮膚炎を起こします。

☑ リスク低減
　フラワーアレンジの花材として極めて一般的なため、汁液が皮膚についた場合は、水で洗い流し、日光に当たらないようにします。

セロリ

和　名	オランダミツバ
別　名	セルリー
学　名	*Apium graveolens* var. *dulce*
英　名	celery
原産地	アフリカ北部、ヨーロッパ〜ヒマラヤ西部
特　徴	根出葉を多数生じ、長さ30〜50cmで、羽状複葉。野菜とし

ては長い葉柄部を食用とします。

人との関係

　古代ギリシャ、ローマ時代より薬用として用いられていました。食用とされたのは17世紀のイタリア、フランスに始まり、イギリスでは18世紀に入ってからとされます。日本ではキヨマサニンジンとして『本草綱目啓蒙』（1803〜05）に初めて記載されいますが、普及したのは1950年代に入ってからです。

☑ 有毒部位・成分

　特に腐った部分に光毒性物質であるフロクマリン類（furocoumarins）を含みます。セロリが防御物質として腐敗部分に大量に生産することによります。毒性が強いプソラレン(psoralen)などが含まれます。

☑ 人への健康被害

　光毒性接触皮膚炎といって、汁液が皮膚についた部分が紫外線に敏感にあり、日光に当たると、皮膚炎を起こします。

☑ リスク低減

　腐ったセロリに触れる場合は十分に注意します。

第5章　ペット（イヌ・ネコ）で問題となる園芸植物

岩崎灌園著『本草図譜』（文政 13 年〜弘化元年）に描かれた
コオニユリ（別名スゲユリ、*Lilium leichtlinii* var. *maximowiczii*）

この章では、第1章から第4章で扱った有毒植物以外に、人には健康被害が認められていませんが、特にペットとして一般的なイヌとネコに健康被害が著しい園芸植物（観賞植物、野菜、果樹）を解説します。第1章から第4章で扱った有毒植物は、ペットにも有毒であることを肝に銘じておいてください。第2〜4章では、特にペットに事故例が多いものは当該ページにイヌまたはネコのシルエットアイコンをつけています。

　なお、カカオ類（チョコレート、ココアなど）、コーヒー、茶や紅茶もペットに与えると中枢神経を刺激する有毒物質になりますが、植物そのものでなく、加工した状態で流通しているものは本書では扱っていません。

　近年ではイヌもネコも室内飼育が一般的になっています。室内は戸外と違ってペットと植物との距離が近いので、ペットが活動する部屋には危険な植物を置かないのが無難です。イヌの場合、例えば高い場所で植物を管理することも可能です。ネコは垂直方向の移動が容易なので、部屋を別にする必要があります。また、人の食べ物を与えないようにします。

　もし食べてしまったら、慌てずに、噛まれないように注意しながら口に残る植物を取り除き、口の周りを水で流します。可能であれば、少し水を飲ませ、口の周りの腫れや赤みなど異常がない確認します。立て続けに嘔吐したり、ふらついたりする場合は、大至急かかりつけの動物病院に連絡し、重度の場合はすぐに受診します。できれば可能性のある植物や嘔吐物を持参した方が診断は早くなります。ペットは人と違い、意識を持って有毒植物と付き合うことはできないため、飼い主がペットから有毒植物を遠ざけてやる必要があります。有毒植物の知識を持つことは、飼い主の責任ともいえるでしょう。

クスノキ科

アボカド

学　名	*Persea americana*
原産地	中央アメリカ
流通期	輸入果実がほぼ周年流通しています。
特　徴	果実は洋ナシ形または球形で、革質の

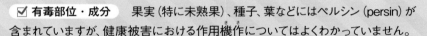

果皮は光沢があります。果肉は黄緑色で、種子は大きな球形です。

☑ **有毒部位・成分**　果実（特に未熟果）、種子、葉などにはペルシン（persin）が含まれていますが、健康被害における作用機作についてはよくわかっていません。

☑ **ペットへの健康被害**　人以外の動物において、摂取すると下痢、嘔吐、呼吸困難を引き起こし、死亡するおそれもあります。日本で販売されている、果実が大きいタイプのグアテマラ系が最も危険とされます。ペットフードにもアボカドを含むものがありますが、グアテマラ系のものではないと思われます。

ゴクラクチョウカ科

ゴクラクチョウカ

別　名	ストレリチア
学　名	*Strelitzia reginae*
原産地	南アフリカ・ケープ州周辺
開花期	主に冬〜夏
特　徴	無茎で、高さ1〜1.5mほど。花茎

の先に長さ16〜20cmの舟状の苞が横向きにつき、中に数個の花をつけます。和名はパプアニューギニアなどに自生するオオフウチョウ（別名：極楽鳥）に見立てたことに由来します。

☑ **有毒部位・成分**　全草、日本では結実はまれですが、果実、種子に多いとされます。有毒成分は特定されていません。

☑ **ペットへの健康被害**　誤って食べると、吐き気、嘔吐、下痢、腹痛を引き起こします。

ネギの仲間

| 学　名 | *Allium* |

原産地　北半球の温帯地域、特に中央アジアと地中海沿岸などに約750種が分布します。

開花・流通期　主に夏～秋・野菜としてはほぼ周年流通します。

特　徴　タマネギのように球根（鱗茎）を持つものが多く、野菜やハーブ、観賞植物として利用されています。

主な種類

野菜としては、リーキ（*A. ampeloprasum*）、タマネギ（*A. cepa*）、ラッキョウ（*A. chinense*）、ネギ（*A. fistulosum*）、ニラ（*A. tuberosum*）、ニンニク（*A. sativum*）などが、山菜としてギョウジャニンニク（*A. ochotense*）が、ハーブと

タマネギ

ネギ

ギョウジャニンニク

チャイブ

してチャイブ（*A. schoenoprasum*）が知られます。観賞用としては、アリウム・ギガンチウム（*A. giganteum*）やアリウム・ネアポリタヌム（*A. neapolitanum*）などが花壇によく植えられます。

アリウム・ギガンチウム

アリウム・ネアポリタヌム

☑ 有毒部位・成分

　全草、特に球根および葉に、アリルプロピルジスルフィド（allyl propyl disulfide）などの有機硫黄化合物が含まれます。

☑ ペットへの健康被害

　アリルプロピルジスルフィドなどがヘモグロビンを酸化させることにより、溶血性貧血を引き起こすとされます。摂食すると、胃腸の不調、溶血性貧血、ハインツ小体貧血、ヘモグロビン尿症（赤い尿）を引き起こします。特にネコに対して有害です。ネギ類はさまざまな食品に利用されています。加熱により毒性がなくなることはないとされ、ハンバーグや、カレー、シチューなど、ネギ類を含んだ食品を与えないようにします。大量に摂取すると死亡することもあります。

ユリの仲間

学　名	*Lilium*

原産地　　北半球に約110種が分布します。

開花・流通期　主に夏・ほぼ周年

特　徴　　地下に皮膜に包まれない鱗茎を持つ球根植物です。直立した茎を伸ばし、茎頂に花を単生または総状花序につきます。花にはときに強い芳香があります。交雑

シンテッポウユリ

により作出されたシンテッポウユリ（*L.* × *formolongi*）やオリエンタル系ユリ（*L.* Oriental Group）、アジアティック系ユリ（*L.* Asiatic Group）などがよく流通しています。ユリ根として流通しているものの多くはコオニユリ（*L. leichtlinii* var. *maximowiczii*）の鱗茎です。

オリエンタル系ユリ
'スターゲイザー'

ユリ根（コオニユリ）

☑ **有毒部位・成分**　　全草、特に葉が有毒ですが、有毒成分についてはよくわかっていません。

☑ **ペットへの健康被害**　　ネコには極めて有害で、摂取すると、嘔吐、食欲不振、無気力、腎不全を引き起こし、死亡する可能性もあります。ネコが1〜2枚の葉、または花被片を摂取しただけで、3時間以内に嘔吐し、多量のよだれを流します（Knight, 2006）。皮膚炎も引き起こします。

アヤメ科トウショウブ属

グラジオラスの仲間

| 学　名 | *Gladiolus* |

| 原産地 | アフリカ、ヨーロッパ、地中海沿岸に約 260 種が分布します。 |

| 開花・流通期 | 夏・春〜秋 |

| 特　徴 | グラジオラスの名で流通しているのは、アフリカ原産の野生種を交雑親とした栽培品種です。 |

☑ **有毒部位・成分**　球根（球茎^{きゅうけい}）が有毒ですが、有毒成分についてはよくわかっていません。

☑ **ペットへの健康被害**　接触皮膚炎を引き起こします。摂取すると多量のよだれを出し、腹痛、ときに血が混じる嘔吐や下痢を引き起こします。

ワスレグサ科ワスレグサ属

ヘメロカリスの仲間

| 学　名 | *Hemerocallis* |

| 原産地 | 中央ヨーロッパ〜中国、日本に約15種が分布します。 |

| 開花期 | 主に夏 |

| 特　徴 | 東アジア固有の野生種を親として |

交雑による栽培品種が作出され、ヘメロカリスの名で流通しています。ひとつの花は一日しか咲かないため、デイ・リリー（day lily）の名でも親しまれています。

☑ **有毒部位・成分**　全草、特に葉と花に含まれますが、有毒成分は明らかにされていません。

☑ **ペットへの健康被害**　特にネコに対して有害です。摂取すると、嘔吐^{おうと}、食欲不振、無気力、倦怠感^{けんたい}、腎不全^{じん}を引き起こし、死に至る可能性もあります。

ドラセナの仲間

| 学　名 | *Dracaena* |

| 原産地 | 旧世界の熱帯を中心に60
種が分布します。

| 特　徴 | 観葉植物として、ドラセナ・コンキンナ（*D. reflexa* var. *angustifolia*）、ドラセナ・フラグランス（*D. fragrans*）、ドラセナ・レフレクサ（*D. reflexa*）、ドラセナ・スルクロサ（*D. surculosa*）などが知られます。

ドラセナ・レフレクサ
'ソング・オブ・インディア'

☑ **有毒部位・成分**　全株に、サポニン（saponin）を含みます。

☑ **ペットへの健康被害**　摂取すると、嘔吐(ときに血が混じる)、食欲不振、多量のよだれ、ネコでは瞳孔散大、腹痛を引き起こします。

ギボウシの仲間

| 学　名 | *Hosta* |

| 原産地 | 東アジアに約40種が分布します。

| 開花期 | 主に夏

| 特　徴 | 多くの種類が観賞用として庭や花壇、鉢などで栽培されるとともに、若芽、若葉などは「ウルイ」などと称し、山菜として利用されています。

サガエギボウシ

☑ **有毒部位・成分**　全草に含まれ、有毒成分は明らかにされていませんが、サポニンと考えられています。

☑ **ペットへの健康被害**　摂取すると、嘔吐、下痢、多量のよだれ、口腔内や腸の痛みを引き起こします。

パイナップル科

パイナップル

| 学　名 | *Ananas comosus* |

| 原産地 | 南アメリカ |

| 流通期 | 果実のパインナップルはほぼ

周年流通します。

| 特　徴 | 世界の熱帯・亜熱帯圏で生

産されています。観葉植物として栽培され

ることがあります。

☑ **有毒部位・成分**　特に未熟果および汁液のシュウ酸カルシウムの針状結晶。

☑ **ペットへの健康被害**　観葉植物として栽培する場合、尖（とが）った葉の先端による刺し傷に注意が必要です。また未熟果の汁液により接触性皮膚炎および口内、口唇、舌の痛みが引き起こされます。

イネ科

ホソノゲムギ

| 学　名 | *Hordeum jubatum* |

| 原産地 | シベリア〜カフカス地方、中国

北東部

| 開花期 | 夏 |

| 特　徴 | 高さ50cmほどになる多年草。

オオムギ（*H. vulgare*）の仲間で、オーナメ

ンタルグラスとして観賞用に栽培されます。小穂ははじめ淡い緑色ですが、のちに赤色や紫色を帯びます。

☑ **有毒部位・成分**　芒（のぎ）の機械的刺激。

☑ **ペットへの健康被害**　目、皮膚、耳、口の痛みや、口と胃の炎症と膿瘍が引き起こされます。

マカデミアナッツ

学　名	*Macadamia integrifolia*
原産地	オーストラリア・クイーンズランド州
流通期	ほぼ周年
特　徴	高さ20mほどになる常緑の高

木。果実は径3cmほどで、熟すと裂開します。仁（種子の核）を塩炒りしたものをナッツとして食用にします。

☑ **有毒部位・成分**　　有毒成分は特定されていません。

☑ **ペットへの健康被害**　　イヌがナッツを好み、体重1kgあたり11.7mgを摂取すると中毒症状が現れ（Knight, 2006）、心拍数の増加、脱力感（特に後ろ足）、嘔吐、震えを引き起こします。

カランコエ

学　名	*Kalanchoe blossfeldiana*
原産地	交雑種
開花期	主に秋～冬
特　徴	カランコエの名で流通してい

るのは、ドイツで作出された交雑種と考えられます。冬にオレンジ、ピンク、黄色などの色鮮やかな小さな花を上向きに咲かせます。

☑ **有毒部位・成分**　　全草に、強心配糖体のブファジエノライド類（bufadienolides）を含みます。

☑ **ペットへの健康被害**　　摂取すると数時間以内に、嘔吐、下痢、多量のよだれ、食欲不振、まれに心拍リズムの異常を引き起こします。コダカラベンケイ（*K. daigremontiana*）など本属の他種も同様の毒性があります。

272

ブドウ科ブドウ属

ブドウ

学　名	*Vitis*
原産地	北半球に約65種が分布します。
流通期	ほぼ周年

特　徴　ワイン用、生食用、干しブドウ用

として、ヨーロッパブドウ（*V. vinifera*）と、アメリカブドウ（*V. labrusca*）が栽培されています。

☑ **有毒部位・成分**　ドライフルーツ（干しブドウ）を含む全株に含まれ、有毒成分は明らかにされていません。

☑ **ペットへの健康被害**　特にイヌに対して有毒です。摂取すると、嘔吐、食欲不振、下痢を引き起こします。大量に摂取すると、腎臓障害を起こし、排尿が減少し、死に至ることもあります。干しブドウ入りのパンなども有害です。

ブドウ科

ツタ

別　名	アマヅラ、ナツヅタ、モミジヅタ
学　名	*Parthenocissus tricuspidata*
原産地	ロシア南部〜中国、朝鮮半島、

日本（本州〜九州）

| 開花期 | 夏 |

特　徴　つる植物で、吸盤で付着するよ

じ登り植物。建物の外壁などを装飾的に緑化することから多用されています。秋には美しく紅葉し、冬になると落葉します。

☑ **有毒部位・成分**　全株にサポニン（saponin）、ヘデリン（hederin）、ファルカリノール（falcarinol）を含みます。

☑ **ペットへの健康被害**　接触による皮膚炎、結膜炎を引き起こします。誤って口にすると、嘔吐、下痢、胃腸炎を引き起こします。

ジューンベリー

学　名	*Amelanchier canadensis*
原産地	カナダ〜アメリカ合衆国
開花・結実期	早春・夏
特　徴	

高さ1〜8mになる落葉性低木。早春に白色の花を咲かせます。6月頃に径1cmほどの果実をつけ、黒紫色に熟し、生食します。

☑ **有毒部位・成分**　全株、特に葉に青酸配糖体（cyanogenic glycoside）を含みます。

☑ **ペットへの健康被害**　摂取すると、多量のよだれ、呼吸困難を引き起こします。また、心血管虚脱から死に至ることもあります。

アーモンド

学　名	*Prunus amygdalus*
原産地	西アジア
流通期	ほぼ周年
特　徴	

高さ5mほどになる落葉性低木。花は3〜4月頃に、ソメイヨシノと同様に葉が生じる前に咲かせます。仁（種子の核）をナッツとして食用とします。

☑ **有毒部位・成分**　全株、特に種子に、青酸配糖体のアミグダリン（amygdalin）などを含みます。

☑ **ペットへの健康被害**　特にイヌがアーモンドのナッツを好むようで、胃腸痛、吐き気、呼吸困難、虚脱、けいれんを引き起こし、排尿、排便が続きます。

ナデシコ科ナデシコ属

ナデシコ・カーネーションの仲間

学　名	*Dianthus*
原産地	約300種が北半球の温帯域を中心に分布
開花期	主に初夏から秋、四季咲きも知られます

特　徴　カーネーション（*D. caryophyllus* cvs.）はキク、バラともに「三大切り花」として周年流通しています。また、「母の日」に向けて切り花だけでなく、鉢花としても販売されています。ビジョナデシコ（*D. barbatus*）、カワラナデシコ（*D. longicalyx*）、タツタナデシコ（*D. plumarius*）、交雑により育成された栽培品種群が花壇に植栽されています。

カーネーション

ビジョナデシコ

☑ **有毒部位・成分**　葉に含まれるトリテルペノイドサポニン（triterpenoid saponins）と考えられています。

☑ **ペットへの健康被害**　屋内および屋外ともに極めて一般的な園芸植物です。特にカーネーションは「母の日」前には大量に流通・利用されています。誤って口にすると食欲不振、腹痛、嘔吐、下痢、胃腸炎を引き起こします。皮膚に直接触れると、接触皮膚炎を引き起こします。

シュッコンカスミソウ

学　名	*Gypsophila paniculata*
原産地	ヨーロッパ中部〜小アジア
流通期	開花調節により周年。
特　徴	小さな花が多数ついて霞

がかかっているようにみえる。フラワーアレンジなどの添え花として人気があります。

☑ **有毒部位・成分**　全草に、ギポセニン（gyposenin）を含みます。

☑ **ペットへの健康被害**　摂取すると、嘔吐、下痢を引き起こします。皮膚や目に触れると皮膚炎を生じます。触れる頻度が高い場合、鼻の炎症や喘息を引き起こします。ネコがよく食べるようなので、注意が必要です。

アメリカイワナンテン

学　名	*Leucothoe axillris*
原産地	アメリカ合衆国南東部
開花期	春
特　徴	常緑低木で、枝先はやや枝

垂れます。壺形の花は4〜5月頃に咲きます。葉に斑が入る栽培品種がよく栽培され、グランドカバープランツとしてよく利用されています。

☑ **有毒部位・成分**　葉と花の密に、グラヤノトキシン類（grayanotoxin）を含みます。

☑ **ペットへの健康被害**　摂取すると、大量のよだれ、腹痛、吐き気、嘔吐、下痢を引き起こします。

ナス科

トマト

学　名	*Solanum lycopersicum*
異　名	*Lycopersicon esculentum*
原産地	アンデス山脈
流通期	ほぼ周年
特　徴	世界的に最も重要な野菜

のひとつです。

☑ **有毒部位・成分**　全草に、ポテトグリコアルカロイド（PGA）と総称される、α型－ソラニン（α-solanine）などを含みます。

☑ **ペットへの健康被害**　葉や芽、未熟果を摂取すると、多量のよだれ、食欲不振、胃腸の不調、下痢、眠気、行動変化、脱力感、瞳孔散大、心拍数・血圧の低下を引き起こします。

クマツヅラ科

ドゥランタ

学　名	*Duranta erecta*
原産地	フロリダ州～ブラジル
開花・流通期	初夏～秋・夏～秋
特　徴	高さ2～6mになる常緑

低木。花は下垂する総状花序につきます。果実はすぐに熟して濃黄色になります。

☑ **有毒部位・成分**　果実と葉に含まれ、有毒成分としてはサポニン、またはアルカロイドと考えられていますが、確実ではありません。

☑ **ペットへの健康被害**　摂取すると、下痢、嘔吐、胃や腸からの出血、筋力低下、眠気などを引き起こします。

ミントの仲間

学　名	*Mentha*
原産地	世界の温帯に18～19種が分布します。
開花期	主に夏
特　徴	ハーブとして調理用、観賞用にペパー

ミント（*M. × piperita*）、スペアミント（*M. spicata*）、アップルミント（*M. suaveolens*）などが栽培されています。

☑ **有毒部位・成分**　葉・花などの精油にプレゴン（pulegone）が含まれます。

☑ **ペットへの健康被害**　摂取すると、発熱、胃痛、吐き気、呼吸困難、高血圧、発作、幻覚、腎不全、肝障害を引き起こします。妊娠中は流産する恐れがあります。

キャットニップ

学　名	*Nepeta × faassenii*
来　歴	ネペタ・ネペテラ（*N. nepetella*）と
	ネペタ・ラセモサ（*N. racemosa*）との自然交雑
開花期	初夏～初秋
特　徴	真のキャットニップ（*N. cataria*）

に代わり、近年はこの交雑種がキャットニップと呼ばれ、花壇の縁取りなどによく利用されています。

☑ **有毒部位・成分**　葉および茎にネペタラクトン（nepetalactone）などを含みます。マタタビ（*Actinidia polygama*）などに含まれるネペタラクトール（nepetalactol）を基に植物体内で合成されています。ネコがマタタビを体に擦り付けたりするのは、ネペタラクトールには蚊を寄せ付けない効果があることから、蚊よけのためと報告されています。

☑ **ペットへの健康被害**　ネコが好み、花壇などを荒らします。摂取すると嘔吐、下痢、唾液過多を引き起こします。

シソ

学　名	Perilla frutescens var. crispa
原産地	ヒマラヤ、ミャンマー、中国
開花期	夏
特　徴	葉色により赤紫色の赤ジソと、

葉が緑色の青ジソに分類されます。いずれも葉に細かい縮みがあるチリメンジソと、葉に縮みがないタイプがあります。葉を食用とするほか、蕾の花穂を穂じそとして利用します。

☑ **有毒部位・成分**　全草、特に花穂にエゴマケトン(egomaketone)、イソエゴマケトン (isoegomaketone) を含みます。

☑ **ペットへの健康被害**　誤って接触すると、体温の上昇、呼吸困難、肺水腫を引き起こし、重篤な場合は死に至ることがあります。

フジバカマ

学　名	Eupatorium japonicum
原産地	日本、中国、朝鮮半島
開花期	秋
特　徴	秋の七草のひとつとして有

名です。乾燥すると茎葉に含まれるクマリン配糖体（coumarin glycoside）が加水分解され、クマリンを生じて桜餅の葉のような芳香を放ちます。

☑ **有毒部位・成分**　茎葉に含まれるクマリン配糖体。

☑ **ペットへの健康被害**　摂取すると、クマリンには抗血液凝固作用があることから、血液が固まらなくなり、大量に摂取すると歯茎や鼻、皮下などからの出血により、ショック死する恐れがあります。

ローマンカモミール

| 学　名 | *Chamaemelum nobile* |

| 原産地 | 大西洋の中央部に位置する |

アゾレス諸島、ヨーロッパ西部〜アフリカ北
西部

| 開花期 | 夏 |

| 特　徴 | 高さ50cm ほどの多年草。 |

基部から分枝し、1 株で 20 〜 40 本の茎
を叢生（そうせい）します。葉と花にリンゴの果実のような芳香があります。

> ☑ **有毒部位・成分**　全草に精油としてビサボロール (bisabolol)、カマズレ
> ン (chamazulene)などを含みます。
>
> ☑ **ペットへの健康被害**　摂取すると嘔吐（おうと）、下痢、食欲不振を引き起こします。接
> 触により皮膚炎を引き起こします。

ジャーマンカモミール

| 学　名 | *Matricaria chamomilla* |

| 原産地 | ユーラシア大陸の温帯に広く分 |

布します。

| 開花期 | 初夏〜夏 |

| 特　徴 | 高さ30 〜 60cmになる一年草。 |

花にリンゴの果実のような芳香があります。カ

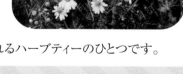

モミールティーとして親しまれ、もっともよく知られるハーブティーのひとつです。

> ☑ **有毒部位・成分**　全草に精油としてカマズレン (chamazulene)などを含
> みます。
>
> ☑ **ペットへの健康被害**　目に入ると結膜炎を引き起こします。接触により皮膚炎
> を引き起こします。

付　録

用語集

主に本書に出る専門用語をとり
上げ、解説しています。

●**亜低木**［あていぼく］
茎の基部は木質化し、先のほうが草状
になる小低木。キョウチクトウなど。

●**アルカロイド**［あるかろいど］
窒素原子を含む有機化合物のうち、ア
ミノ酸やペプチド、タンパク質などを除
いた化合物の総称。多くはアルカリ性
を示し、植物が含む有毒成分の中では
もっとも多い。

●**いちじく状花序**［いちじくじょうかじょ］
花軸が多肉化し、中央がくぼんで壺形
になった中に微小な花が多数つき、外
見上は果実のようにみえる。例えば、
イチジクなど。隠頭花序とも。(p.284 イラ
スト参照)

●**異名**［いめい］
→学名［がくめい］

●**一年草**［いちねんそう］
一年生草本。種子を播き、発芽してか
らその年に開花結実して枯死する草本
植物。

●**羽状複葉**［うじょうふくよう］
小葉が葉軸の左右に対をなして羽状に

並んでいる形の複葉。(p.292 イラスト参照)

●**液果**［えきか］
熟すと水分の多い果皮(中果皮と肉果皮)
を持つ果実。熟しても裂けない。例え
ば、ブドウなど。

●**腋芽**［えきが］
葉の付け根の上部にできる芽のこと。

●**腋生**［えきせい］
芽や花などが葉腋に生じること。

●**LDL$_0$**（最小致死量）
［えるでぃえるぜろ（さいしょうちしりょう）］
毒の強さを示し、最小致死量(lethal
dose lowest)の略で、この量を投与すれば、
投与された動物が死ぬと予想される、
投与された動物の体重 1kg 当たりの量
のこと。

●**LD$_{50}$**（半数致死量）
［えるでぃごじゅう（はんすうちしりょう）］
毒の強さを示し、半数致死量(lethal
dose 50%)の略で、この量を投与すれば、
投与された動物の半数が死ぬと予想さ
れる、投与された動物の体重 1kg 当た
りの量のこと。この値が小さいほど、
毒性が高い。

●**嚥下**［えんげ］
飲み下すこと。

●**円錐花序**［えんすいかじょ］
総状花序または穂状花序などで、花序
の軸が分枝して全体が円錐形をしてい
るもの。例えばナンテンなど。(p.284 イラ
スト参照)

●**園地起源** ［えんちきげん］
植物分類学的に正式に命名されず、園芸上、一時的に名を与えられたもの。

●**雄しべ** ［おしべ］
雄ずい。種子植物において花粉をつくる雄性の生殖器官。被子植物では葯と花糸からなる。(「花の模式図」イラスト参照)

●**塊茎** ［かいけい］
地中にある茎の先端が塊状に肥大したもので、皮膜で包まれていない。例えば、ジャガイモ、キクイモ、シクラメンなど。

●**塊根** ［かいこん］
根が塊状に肥大したもの。例えば、サツマイモ、ダリアなど。

●**外種皮** ［がいしゅひ］
種子を覆う2個の被膜のうち、外側の膜をいう。

●**花冠** ［かかん］
ひとつの花の花弁、または内花被全体をいう。

●**核果** ［かくか］
石果ともいい、外果皮が薄く、中果皮は多肉で、内果皮は厚くて硬くなる果実をいう。例えば、ウメ、モモなど。

●**萼筒** ［がくとう］
萼片がゆ着して合片萼をつくっている際に、基部の筒状部をいう。

●**萼片** ［がくへん］
花被が形のはっきり区別できる内外二層に分かれている時、外側全体を萼といい、一つひとつを萼片という。(「花の模式図」イラスト参照)

●**学名** ［がくめい］
国際命名規約に基づいて命名された、生物の世界共通の名前で、ラテン語で表記される。唯一正しい学名を正名、ほかを異名という。

●**花茎** ［かけい］
ほとんど葉をつけず、その先端に花をつける茎。例えば、タンポポなど。

●**仮種皮** ［かしゅひ］
珠柄、または胎座の一部が発育肥大して、種皮の外側を覆うもの。種衣とも呼ぶ。

●**果序** ［かじょ］
花序の花が発達して果実となった状態をいう。

●**花序** ［かじょ］
花をつける茎部分の総称、または茎上の花の並びかたをいう。(p.284 イラスト参照)

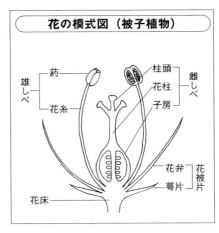

花の模式図（被子植物）

283

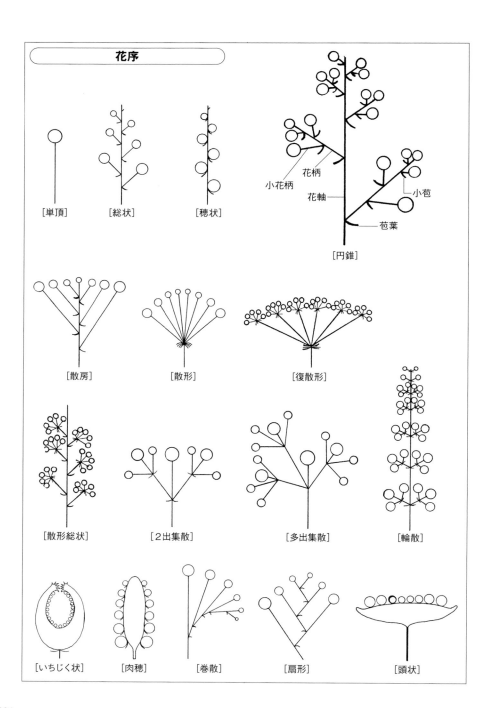

花序

[単頂]　[総状]　[穂状]

小花柄
花柄
花軸
小苞
苞葉

[円錐]

[散房]　[散形]　[復散形]

[散形総状]　[2出集散]　[多出集散]　[輪散]

[いちじく状]　[肉穂]　[巻散]　[扇形]　[頭状]

●**花床**［かしょう］
花托。花柄の先端で花の各器官をつける部分。(p.283 イラスト参照)

●**花被片**［かひへん］
萼と花冠との区別が形質的にない場合、両者を合わせて花被と呼ぶが、その花被をつくる各裂片をいう。(p.283 イラスト参照)

●**花柄**［かへい］
花梗。花軸から出て花をつける小枝。
(p.284 イラスト参照)

●**仮雄ずい**［かゆうずい］
雄しべが変化したり退化したりして、正常な花粉を持った葯をつけないものをいう。

●**管状花**［かんじょうか］
管状花冠を持つ花で、普通はキク科植物の頭状花序の中央にある花をいう。筒状花ともいう。

管状花

●**偽果**［ぎか］
子房以外の部分が肥大してできた果実。

●**球茎**［きゅうけい］
地下の茎の一部が球形、または卵形に肥大して、養分の貯蔵器官になったものをいう。フリージア、グラジオラスなど、アヤメ科植物に多くみられる。

●**球根**［きゅうこん］
多年草のうち、地下または地ぎわで肥大した貯蔵繁殖器官を総称して示し、鱗茎、球茎、塊茎、根茎、塊根に大別される。

●**距**［きょ］
スミレやオダマキのように、萼や花弁の一部が、けづめ状に突出した部分。中に蜜をためることが多い。

●**強心配糖体**［きょうしんはいとうたい］
配糖体のうち、心臓に作用して拍動を強めるものの総称。

●**鋸歯**［きょし］
葉などの縁がのこぎりの歯のように切れ込んだ様子をいう。正確にはあまり大きくなく形が一様で、葉先へ向かってやや傾いているものをいう。(p.293 イラスト参照)

●**欠刻**［けっこく］
葉の縁などが不規則に深く鋭く切れ込むこと。(p.293 イラスト参照)

●**交差反応**［こうさはんのう］
アレルギー反応のうち、よく似たアレルゲンにもアレルギー反応を起こすこと。

●**高木**［こうぼく］
成長すると高さ3～4m以上となり、主幹と枝の区別が比較的はっきりしている木本をいう。例えば、ケヤキなど。

●**高盆形花冠**［こうぼんけいかかん］
高杯状花冠、高盃状花冠とも。細長い筒部があり、上部はほぼ水平に開いている花冠をいう。例えば、サクラソウなど。

●**互生**［ごせい］
葉や枝が互い違いに生
ずること。

互生

●**根茎**［こんけい］
地下茎の一種で、地中
または地上を長く横に
這う匍匐茎が肥大した
もので、地上茎と同様
に節がある。例えば、ハス、フキ、カ
ンナなど。

●**根出葉**［こんしゅつよう］
根生葉。地表近くの茎の節がつまり、
一見すると根から生じたようにみえる葉
をいう。

●**栽培種**［さいばいしゅ］
自生種に対して人為的に栽培している
種をいう。

●**栽培品種**［えんげいひんしゅ］
園芸上に意義のあるなんらかの形質で
区別される個体群で、人為的に作出し
たもの。

●**蒴果**［さくか］
2個以上の心皮からなり、熟すと乾い
て縦に裂け、種子を出す果実。

●**サポニン**［さぽにん］
配糖体のうち、トリテルペンまたはステ
ロイドアルコールに糖が結合したもの
の総称。

●**散形花序**［さんけいかじょ］
主軸が著しく短縮して、ほとんど一ヵ
所からほぼ同じ長さの花柄を持つ多数

の花が、傘の骨のように放射状に伸び
る花序をいう。セリ科やウコギ科に多
くみられる。(p.284 イラスト参照)

●**3倍体**［さんばいたい］
その植物の基本染色体数の3倍の染色
体数を示す個体をいう。普通、不稔性
を示し、種子ができない。

●**散房花序**［さんぼうかじょ］
総状花序のうち、下方の花柄が長くなっ
て、花序の上の面がほぼ平らになった
もの。(p.284 イラスト参照)

●**子房**［しぼう］
雌しべの下部にある、ふくらんだ部分。
中に胚珠を入れ、受精の後、発達して
果実となる。(p.283 イラスト参照)

●**雌雄異株**［しゆういしゅ］
同一の種に、雌株と雄株があり、おの
おのの株には雌花または雄花しかつけ
ないものをいう。例えば、イチョウなど。

●**汁液**［じゅうえき］
植物などから自然にしみ出たり、しぼ
りとったりした液のこと。

●**シュウ酸塩**［しゅうさんえん］
シュウ酸イオンを含むイオン結晶塩で、
水溶性シュウ酸塩（シュウ酸水素ナトリウムな
ど）と、不溶性シュウ酸塩（シュウ酸カルシ
ウムなど）がある。

●**集散花序**［しゅうさんかじょ］
有限花序の一種。主軸は先端に花をつ
けて終わり、次にその下の側枝の先端
が花をつけて終わり、これをくり返す

花序をいう。側枝の出かたにより、巻散花序、扇形花序、2出集散花序などに分けられる。(p.284 イラスト参照)

●**雌雄同株** [しゆうどうしゆ]
ひとつの株に雄花と雌花をつけるもの。

●**宿根草** [しゅっこんそう]
冬になると地上部は枯死するが、地下部は休眠状態で越冬し、春になると芽を出し、地上部を生育させることを繰り返す草本植物をいう。

●**主脈** [しゅみゃく]
葉の中央を走る太い葉脈。中央脈、中肋ともいう。(p.293 イラスト参照)

●**鍾形** [しょうけい]
花冠の形の一種。

●**小高木** [しょうこうぼく]
高さ3〜4メートル以上で単幹性の樹木を高木といい、このうち6〜7メートル以下のものをいう。

●**掌状** [しょうじょう]
手のひらを広げたように、一点から分かれて広がった形をいう。

●**生薬** [しょうやく]
自然界にある物質の中で、そのまま薬品として用いるか、あるいは製薬の原料となるもの。植物性生薬、動物性生薬、鉱物性生薬に大別できる。

●**小葉** [しょうよう]
複葉をつくっている葉片の一つひとつをいう。(p.292 イラスト参照)

●**浸剤** [しんざい]
生薬に熱湯を注いで成分を浸出させた飲み薬のこと。

●**唇弁** [しんべん]
主としてラン科植物などの花弁のうち下方にあるものをいい、特殊な形に変形したものを指す。唇形花冠の先にある裂片を指すこともある。

●**深裂** [しんれつ]
葉の切れ込みが主脈のそばまで達していること。(p.293 イラスト参照)

●**穂状花序** [すいじょうかじょ]
無限花序の一種で、細長い主軸に柄のない花をつける花序のこと。(p.284 イラスト参照)

●**青酸配糖体** [せいさんはいとうたい]
糖に青酸が結合したもの。

●**生物活性物質** [せいぶつかっせいぶっしつ]
二次代謝産物のうち、生物に対して何らかの作用を及ぼすものをいう。

●**生理活性物質** [せいりかっせいぶっしつ]
→生物活性物質 [せいぶつかっせいぶっしつ]

●**石果** [せきか]
→核果 [かくか]

●**舌状花** [ぜつじょうか]
花弁が合着して筒状になり、上部が扁平な舌状に開いた花。普通キク科植物の頭状花序の周辺にみられ、タンポ

舌状花

ポの頭状花序は舌状花のみからなる。

●**腺点** [せんてん]
蜜、油、粘液などを分泌または貯めて
おく小さな点のこと。

●**浅裂** [せんれつ]
葉身などが浅く切れ込むこと。(p.293 イラ
スト参照)

●**全裂** [ぜんれつ]
葉身などがほとんど主脈まで深く切れ
込むこと。(p.293 イラスト参照)

●**痩果** [そうか]
閉果の一種で、果実は
裂開せず、果皮は薄い
膜質で、普通、一種子
を含み、一見種子のよ
うにみえるもの。キク
科、オミナエシ科、イ
ラクサ科の植物にみら
れる。

痩果

●**総状花序** [そうじょうかじょ]
比較的、節間の伸びた花軸にたくさん
の花柄がある花をつけた花序をいう。
例えば、フジなど。(p.284 イラスト参照)

●**装飾花** [そうしょくか]
ひとつの花序の中で、不稔性で花弁が
大きく目立つ花をいう。例えば、ガクア
ジサイなど。

●**総苞片** [そうほうへん]
花柄の一部が著しく短くなり、苞が一ヵ
所に密集したものを総苞といい、キク
科の頭状花序、セリ科の散形花序など

にみられる。この総苞を構成する一つ
ひとつの苞を総苞片という。

●**草本** [そうほん]
木部が発達せず、草質の茎葉を持った
植物のこと。一・二年草と多年草に区
別されるが、後者では冬季地上部が枯
死するものと常緑のものとがある。

●**袋果** [たいか]
1心皮からなる袋状の
果実で、熟すと乾燥
し、縫合線に沿って
裂けるもの。キンポウ
ゲ科やモクレン科に
普通にみられる。

袋果

●**台木** [だいき]
接ぎ木繁殖において、根を持っていて
接ぎ木されるほうをいう。一方、台木
に接ぎ木するほうを穂木、または接ぎ
穂という。

●**托葉** [たくよう]
葉の基部にある付属体で、葉状、突起
状、刺状など植物により多様な形を示
す。バラ科、アカネ科、モクレン科な
どでよく発達している。(p.293 イラスト参照)

●**多肉植物** [たにくしょくぶつ]
植物体の一部が分厚くなったり、太く
なったりし、水分を貯えた状態を多肉
化するといい、多肉化した植物を多肉
植物という。

●**多年草** [たねんそう]
多年生草本。草状の植物で、長年にわ

たり成長、開花、結実を続けるものをいう。冬季、地上部が枯死するものと常緑のものがある。

●地下茎［ちかけい］
地中で特殊な形に変化している茎をいい、形によって根茎、塊茎、球茎、鱗茎に区別する。

●柱頭［ちゅうとう］
雌しべの花柱の先端にあって、受粉の際、そこに花粉がついて発芽する。(p.283 イラスト参照)

●頂芽［ちょうが］
茎の先端にある芽のこと。

●頂生［ちょうせい］
花などが茎の先端に生じること。側生に対していう。

●低木［ていぼく］
高さ3〜4メートル以上に成長する高木に対して、それ以下の高さの木をいう。普通、主幹と枝とがはっきりせず、枝分かれも多い。例えば、アジサイなど。

●テルペン［てるぺん］
炭素5個のイソプレンという化合物を構造単位としてできる天然有機化合物の総称。精油（揮発性のある植物成分）の中によく含まれる。

●豆果［とうか］
莢果。莢。1心皮からなる果実で、熟して乾燥すると、2線に沿って皮が2片に裂けるもの。マメ科植物によくみられる。

●頭状花序［とうじょうかじょ］
頭花。頭状花。主軸が短くなってやや円盤状となり、その上にたくさんの花柄のない小さな花をつけた花序をいい、ひとつの花のようにみえる。例えば、キク科植物。(p.284 イラスト参照)

●倒披針形［とうひしんけい］
葉の形の一種。(p.293 イラスト参照)

●倒卵形［とうらんけい］
葉の形の一種。(p.293 イラスト参照)

●鳥足状［とりあしじょう］
複葉の一種。(p.292 イラスト参照)

●内乳［ないにゅう］
胚が成長を開始して芽生えるまで、胚の栄養源となるでんぷん、たんぱく質、脂肪などを貯えている組織のこと。

●肉穂花序［にくすいかじょ］
肥厚して肉質となった主軸の周囲に、花柄のないたくさんの小さな花が密についている花序。サトイモ科に普通にみられ、仏炎苞を伴う。(p.284 イラスト参照)

●二次代謝産物［にじたいしゃさんぶつ］
植物は、その植物に特徴的なさまざまな物質を生合成しており、これらの代謝は二次代謝と呼ばれ、生合成される産物を二次代謝産物と総称する。

●二年草［にねんそう］
二年生草本。種子が発芽して地上部が発達しても、その年には開花せず、満1年以上経ってから開花、結実して枯れる植物をいう。

●乳液 [にゅうえき]
植物の乳細胞や乳管中に含まれている白色の乳状の液をいう。トウダイグサ科、クワ科、キョウチクトウ科、キク科などの植物でよくみられる。

●稔性 [ねんせい]
交配した時に親和性があって、受精によって子孫ができる性質。

●配糖体 [はいとうたい]
水酸基を持つアルコール類あるいは、フェノール類と単糖類の1～数個がグリコシド結合したものの総称をいう。

●胚乳 [はいにゅう]
胚の成長に必要な養分を供給する働きを持ち、内乳と周乳がある。

●播種 [はしゅ]
種子を播くこと。

●被針形 [ひしんけい]
葉の形の一種。(p.293 イラスト参照)

●副花冠 [ふくかかん]
花冠と雄しべの間にできた花冠状の付属体をいう。例えば、スイセンなど。副冠ともいう。

●複散形花序 [ふくさんけいかじょ]
複合花序の一種。散形花序が集合し、全体も散形になっているもの。(p.284 イラスト参照)

●複葉 [ふくよう]
単葉に対して、葉身が完全に分裂し、2枚以上の小葉からなっているものを

いう。その分裂のしかたによって掌状複葉と羽状複葉に分けられる。(p.292 イラスト参照)

●付属体 [ふぞくたい]
さまざまな組織についた小片のことで、特別にそれを示す専門用語をつくる必要がない時、付属体と一括して示す。したがって、おのおのの植物によって、付属体の指すものが異なる。

●付着根 [ふちゃくこん]
よじ登り植物の茎に生じる不定根のことで、他物に付着して体を支え、上昇するための根をいう。例えば、ツタ、キヅタなど。

●仏炎苞 [ぶつえんほう]
肉穂花序を包む大きな苞葉のこと。例えば、ミズバショウ、カラーなど。

●不稔 [ふねん]
植物が生殖不能で、種子を形成することができない場合をいう。

●苞 [ほう]
苞葉。花序や花の下部にあり、葉の変形したもので、芽を保護する。(p.284 イラスト参照)

●匍匐枝 [ほふくし]
地上に伏して細長く伸び、その先に芽をつける茎のことで、節から根や茎を出して繁殖する。ストロン、匍匐茎、匐枝ともいう。

●蜜腺 [みつせん]
ショ糖を含む甘い液を分泌する組織、

または器官をいう。多くは花の基部にあるが、花以外の葉や茎などにあることもあり、前者を花内蜜腺、後者を花外蜜腺という。

●**雌しべ** [めしべ]
雌ずい。内部に胚珠をつけ、種子をつくる雌性の生殖器官のこと。花の中央にあり、普通は子房、花柱、柱頭からなる。(p.283 イラスト参照)

●**木本** [もくほん]
木部がよく発達し、多年生の地上茎を持つ植物をいう。

●**八重咲き** [やえざき]
種によって定まった数以上の花弁を持つ花をいう。花弁自体の増加、萼の花弁化、雄しべの花弁化、雌しべの花弁化などにより起こる。

●**葯** [やく]
種子植物の花粉を入れている器官のことをいい、雄しべの面上につく。(p.283 イラスト参照)

●**葉腋** [ようえき]
葉が茎につく部分で、茎と葉の基部の接合部分をいい、その間から芽が生じる。

●**葉縁** [ようえん]
葉の縁のこと。

●**葉身** [ようしん]
葉の広がった部分をいう。(p.293 イラスト参照)

●**葉柄** [ようへい]
葉の葉身と茎とを結ぶ柄のように細くなった部分。(p.293 イラスト参照)

●**翼弁** [よくべん]
蝶形花冠の5枚の花弁のうち、中央にある左右2枚の花弁をいう。

●**両性花** [りょうせいか]
ひとつの花の中に雄しべと雌しべを持つ花のこと。

●**鱗茎** [りんけい]
短縮して扁平になった茎に、多肉の厚い鱗片状の葉が重なり合ってつき、地下貯蔵器官になった地下茎のことをいう。さらに鱗茎は層状鱗茎(有皮鱗茎)と鱗状鱗茎(無皮鱗茎)に分けられる。前者にはチューリップ、スイセン、後者にはユリなどがある。

●**輪生** [りんせい]
車輪状。葉などがひとつの節から3枚以上出ること。

●**ロゼット状** [ろぜっとじょう]
根出葉が重なり合って、放射状につまって生じた状態をいう。例えば、タンポポなど。ロゼット状態がある一定期間の低温にさらされると、茎が伸長し、それに茎葉がつく。

●**矮性** [わいせい]
丈が低いこと。高性に対していう。

●**和名** [わめい]
分類群に対して与えられた日本の普通名をいう。標準とする和名を標準和名

というが、一般に和名というと標準和名を指すことが多い。標準和名以外の和名は、別名、俗名、地方名などという。

●**杯状花序** [はいじょうかじょ]
トウダイグサ科にみられ、花軸と総苞が変形して杯状または壺状となり、中に雌しべ1本からなる雌花と、雄しべ1本からなる雄花数個がある。

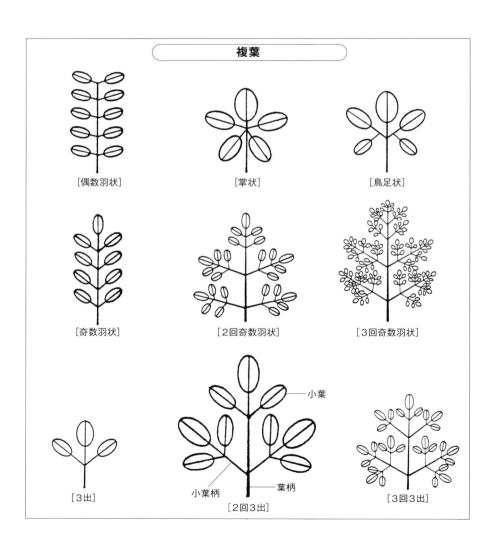

複葉

[偶数羽状]　[掌状]　[鳥足状]

[奇数羽状]　[2回奇数羽状]　[3回奇数羽状]

[3出]

小葉

小葉柄　葉柄
[2回3出]

[3回3出]

葉の形や切れ方など

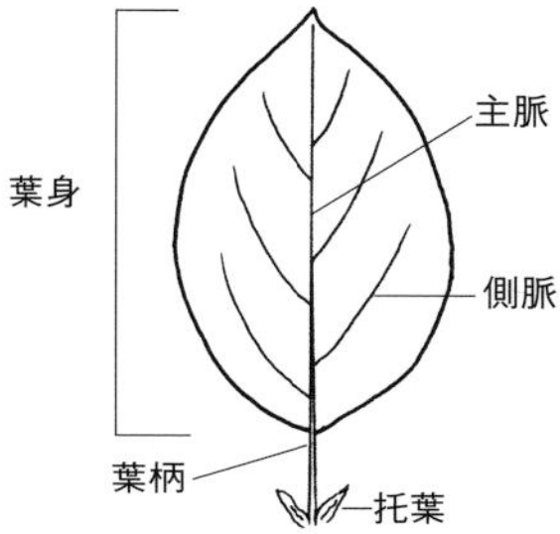

葉身

主脈

側脈

葉柄

托葉

葉と茎のつき方

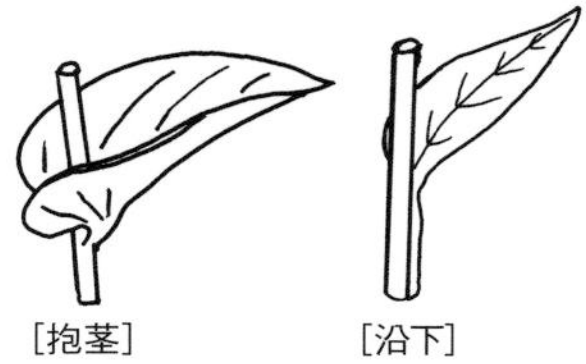

［抱茎］　　　［沿下］

葉の形

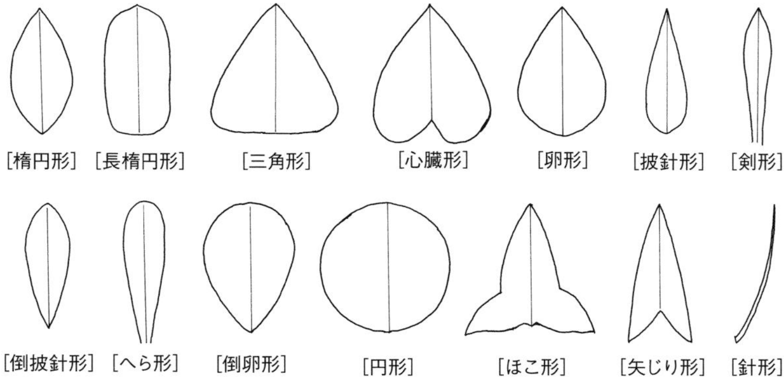

［楕円形］　［長楕円形］　［三角形］　［心臓形］　［卵形］　［披針形］　［剣形］

［倒披針形］　［へら形］　［倒卵形］　［円形］　［ほこ形］　［矢じり形］　［針形］

葉の裂け方

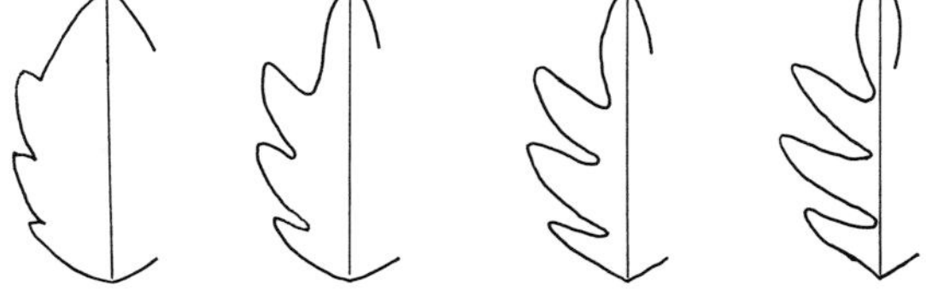

［浅裂］　　［中裂］　　［深裂］　　［全裂］

葉縁

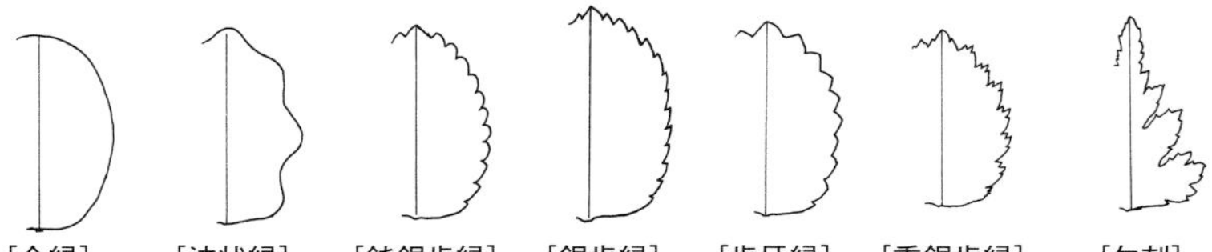

［全縁］　［波状縁］　［鈍鋸歯縁］　［鋸歯縁］　［歯牙縁］　［重鋸歯縁］　［欠刻］

引用・参考文献

＊アルファベット順

【引用・参考文献】

●朝日新聞社編. 2000. 薬草毒草300+20. 朝日新聞社. 東京.

●アンドリュー・シェヴァリエ（難波恒雄監訳）. 2000. 世界薬用植物百科事典. 誠文堂新光社. 東京.

● Bandara, V., S. A. Weinsteina, J. Whitea and M. Eddleston. 2010. A review of the natural history, toxinology, diagnosis and clinical management of Nerium oleander (common oleander) and Thevetia peruviana (yellow oleander) poisoning. Toxicon. 56: 273-281.

● Capon, B. 2010. Botany for gardeners (3rd). Timber Press. London.

● Dauncey, E. A. 2010. Poisonous plants – A guide for parents & childcare providers. Kew Publishing. Richmond.

● Dauncey, E. A. and S. Larson. Plants that kill. Quatto Publishing plc. London.

●出原 大. 2010. 自然＊植物あそび一年中. 学研教育出版. 東京.

● Derraik, J. G. and M. Rademaker. 2009. Allergic contact dermatitis from exposure to Grevillea robusta in New Zealand. Australasian Journal of Dermatology. 50: 125-128.

● Frohne, D. and H. J. Pfänder. 2005. Poisomous Plants (2nd ed.). Manson Publishing. London.

● Fuller, T. C. and E. McClintock. 1986. Poisonous plants of California. University of California Press. Berkeley.

●麓 次郎. 1999. 四季の花事典. 八坂書房. 東京.

●船山信次. 1998. アルカロイド. 共立出版. 東京.

●船山信次. 2012a. 毒. PHP研究所. 東京.

●船山信次. 2012b. 毒草・薬草事典. ソフトバンククリエイティブ. 東京.

●船山信次. 2013. 毒の科学. ナツメ社. 東京.

●細野幸江・宮田正信・木村正則. 2010. 東京近郊における草笛の会の実態と愛好家の意識. 人間植物関係学会雑誌. 10(1)：15-23.

●堀田 満・緒方 健・新田あや・星川清親・柳 宗民・山崎耕宇（編）. 1989. 世界有用植物事典. 平凡社. 東京.

● Ingram, D. S., D. Vince-Prue and P. J. Gregory. 2008. Science and the garden (2nd). Blackwell Publishing. Oxford.

●門田奈美・田淵真基・清水貴志・樋口智康・鈴木紀子・浅雄保宏. 2012. キョウチクトウ中毒の1症例. 日集中医誌. 19：685-686.

●笠原義正. 2010. 有毒植物による食中毒の最近の動向と今後の課題. 食衛誌. 51：311-318.

● Knight, A. 2006. A guide to poisonous house and garden plants. Teton NewMedia. Wyoming.

●小林正明・小林茉由. 2008. 草花遊び図鑑. 全国農村教育協会. 東京.

● Lampe, K. F. and M. A. McCann. 1985. AMA handbook of poisonous and injurious plants. American Medical Association. Chicago.

● Lewis, S. N., D. S. Richard and M. J. Balick. 2007. Handbook of poisonous and injurious plants (2nd ed.). Spriger. New York.

●ながたはるみ. 1998. 植物あそび. 福音館書店. 東京.

●内藤裕史. 1991. 中毒百科－事例・病態・治療. 南江堂. 東京.

●仲田 操. 1996. キョウチクトウ中毒の一死亡例. 沖縄医会誌. 34：72-73.

●日本皮膚科学学会接触皮膚炎診療ガイドライン委員会. 2009. 接触皮膚炎診療ガイドライン. 日皮会誌. 119：1757-1793.

●西山茂夫（編）. 1998. 皮膚炎をおこす植物の図鑑. 協和企画通信. 東京.

●宮崎 大・久保田哲史・木下浩士・鍛冶有登・小林大祐・吉村昭毅・和田啓爾. 2010. 健常成人に発症した銀杏中毒の1例. 日救急医会誌. 21：956-960.

●水野瑞夫（監）. 2013. 薬用植物学（改訂第7版）. 南江堂. 東京.

●森 由雄. 2011. 神農本草経解説. 源草社. 東京.

● O'Kane, N. 2009. Poisonous 2 pets: plants poisonous to dogs and cats. Palmer Higgs Book. Australia.

●沖縄県衛生環境研究所. 2010. ゴーヤより苦いヘチマやユウガオにご注意. 衛環研ニュース. 20.

● Roepke, J., V. Salim, M. Wu, A. M. Thamm, J. Murata, K. Ploss and V. D. Luca. 2010. Vinca drug components accumulate exclusively in leaf exudates of Madagascar periwinkle. Proceedings of the National Academy of Sciences, 107: 15287-15292.

●指田 豊・中山秀夫. 2012. 植物による食中毒と皮膚のかぶれ. 少年写真新聞社. 東京.

●佐竹元吉. 2010. 植物性の健康食品の安全性について. 食衛誌. 51：408-414.

●佐竹元吉（監）. 2012. 日本の有毒植物. 学研教育出版. 東京.

●佐藤正幸・姉帯正樹. 2011. 有毒植物フクジュソウ調理品中のシマリン残留量. 道衛研所報. 61：15-19.

●佐藤正幸・姉帯正樹. 2012. 有毒植物スズラン調理品中のコンバラトキシン残留量. 道衛研所報. 62：55-59.

● Schultes, R. E., A. Hofmann and C. Rätsch. 2001. Plants of the gods (revised and expanded edition). Healing Arts Press. Vermont.

● Scott, S. and C. Thomas. 2000. Poisonous plants of paradise. University of Hawaii Press. Honolulu.

●関田節子. 1997. 植物の有毒成分. p.126-127. 岩槻邦男・大場秀章・清水建美・堀田 満・ギリアン フランス・ピーター レーヴン監修. 植物の世界 第6巻. 朝日新聞社. 東京.

● Spainhour, C. B. Jr., R. A. Fiske, W. Flory and J. C. Reagor. 1990. A toxicological investigation of the garden shrub Brunfelsia calcyina var. floribunda (yesterday-today-and-tomorrow) in three species. J Vet Diagn Invest. 2: 3-8.

● Spoerke, G. and C. Smolinske. 1990. Toxicity of houseplants. CRC Press. Florida.

● Stadlbauer, V., P. Fickert, C. Lackner, J. Schmerlaib, P. Krisper, M. Trauner and R. E. Stauber. 2005. Hepatotoxicity of NONI juice: report of two cases. World J Gastroenterol. 11: 4758-60.

●勅使河原宏・大場秀章. 1999. 現代いけばな花材事典. 草月出版. 東京.

●登田美桜・畝山智香子・奥福 肇・森川 肇. 2012. わが国における自然毒による食中毒事例の傾向. 食衛誌. 53（2）：105-120.

●登田美桜・畝山智香子・春日文子. 2014. 過去50年間のわが国の高等植物による食中毒事例の傾向. 食衛誌. 55（1）：55-63.

●土橋 豊. 1992. 観葉植物1000. 八坂書房. 東京.

●土橋 豊. 2000. 熱帯の有用果実. トンボ出版. 大阪.

●土橋 豊. 2011a. 園芸療法・園芸福祉を担う人材養成の教育プログラム. p.243-251. 農村漁村文化協会編. 最新農業技術花卉 vol.3. 農文協. 東京.

●土橋 豊. 2011b. ビジュアル園芸・植物用語事典（増補改訂版）. 家の光協会. 東京.

●土橋 豊. 2013. 日本で見られる熱帯の花ハンドブック. 文一総合出版. 東京.

●土橋 豊. 2022. ボタニカルアートで楽しむ花の園芸博物図鑑. 淡交社. 京都.

●塚本洋太郎（監）. 1994. 園芸植物大事典コンパクト版（全3巻）. 小学館. 東京.

●塚本洋太郎（監）. 2014. 新版茶花大事典（上下巻）. 淡交社. 京都.

● Turner, N. J. and A. F. Szczawinski. 1991. Common poisonus plants and mushrooms of north America. Timber Press. Portland.

●植松 黎. 1997. 毒草の誘惑. 講談社. 東京.

● Wyk, B., F. Heerden and B. Oudtshoorn, 2002. Poisonous Plants of South Africa. Briza Publication. Pretorica.

●山根義久（監）. 1999. 動物が出会う中毒-意外とたくさんある有毒植物.（財）鳥取県動物臨床医学研究所.

●山根義久（監）. 2008. 伴侶動物が出会う中毒-毒のサイエンスと救急医療の実際. チクサン出版社.

●米倉浩司. 2019. 新維管束植物分類表. 北隆館. 東京.

【参考ウェブサイト】

● ASPCA. Pet Care - Toxic and Non-Toxic Plants. http://www.aspca.org/pet-care/animal-poison-control/toxic-and-non-toxic-plants.

● Centers for Disease Control and Prevention. Emergency Preparedness

and Response. http://www.bt.cdc.
gov/agent/ricin/facts.asp.

● 大日本住友製薬. 皮膚炎　その身近な
原　因. http://kanja.ds-pharma.jp/
health/hifuen/index_in.html.

● Hospital Authority Toxicology
Reference Laboratory. Atlas of
Poisonous Plants in Hong Kong.
https://www3.ha.org.hk/toxicplant/
en/index.html

● 警察庁. 平成 8 年警察白書　新しい組
織犯罪への対応　〜オウム真理教関
連事件を回顧して〜. http://www.
npa.go.jp/hakusyo/h08/h08index.
html

● 厚生労働省. 自然毒のリスクプロファイ
ル. http://www.mhlw.go.jp/topics/
syokuchu/poison/

● 厚生労働省. 有毒植物による食中毒に
注意しましょう. http://www.mhlw.
go.jp/stf/seisakunitsuite/bunya/
kenkou_iryou/shokuhin/yuudoku/

● 日本中毒情報センター. 保健師・薬剤
師・看護師向け中毒情報データベー
ス. http://www.j-poison-ic.or.jp/
homepage.nsf

● 農研機構.写真で見る家畜の有毒植物
と中毒. http://www.naro.affrc.go.jp/
org/niah/disease_poisoning/plants/
index.html

学名索引

本書掲載の主な植物の学名をアルファベット順に配列しています。
（異）は異名であることを示します。

植物名索引

本書掲載の主な植物名を五十音順に配列しています。

あとがき

　著者は前任校において、福祉施設や病院などで園芸療法を実践する園芸療法士、幼稚園や保育所で子どもたちが植物や園芸などの関わりの中で、食育を含む教育や遊びなどを実践する必要がある幼稚園教諭や保育士を養成していました。東京農業大学においても高等学校、中学校や福祉施設に就職する卒業生が少なくありません。

　毎年のように、これらの現場において、栽培する園芸植物など身近な植物による健康被害が発生しています。一方、園芸学を専門的に学ぶ大学などでは、有毒植物の情報をほとんど教えていない現状に矛盾を感じたのが、本書のテーマである「園芸植物における有毒植物」を調査し始めたきっかけです。

　植物がなぜ有毒成分を持つようになったのか定説があるわけではありませんが、有毒成分を持つことが生存のための自己防衛には有利に働いたことは間違いありません。人より遥か昔からこの地球上に生まれた植物に対し、あくまでも人の立場で「毒」として働く成分を含む植物を、有害だからといって排除するのはお門違いというべきでしょう。

　すべての有毒植物を排除するのではなく、人との適切な関係を築く術を知ることが大切です。まずは少しでも有害植物に関心を持っていただき、正しい扱い方を知る努力をすることが必要です。本書により、有害植物について学ぶきっかけとなれば幸いです。

　本書を執筆するに当たり、多くの諸先輩がたの知見を参考にさせていただきました。写真につきましては、ほとんどを著者が撮影したものを使用しましたが、バイケイソウとマユミの2点はお借りいたしました。

　最後になりましたが、増補改訂版として出版の機会をいただいた淡交社の伊住公一朗社長と、いつもながら的確な編集作業をしていただきました八木歳春氏に厚くお礼申し上げます。

土橋 豊

土橋　豊（つちはし　ゆたか）

1957年大阪市生まれ。東京農業大学農学部元教授。京都大学博士（農学）。
京都大学大学院修士課程修了後、京都府立植物園温室係長、京都府農業総合
研究所主任研究員、甲子園短期大学教授などを経て、東京農業大学農学部教授
（2015年〜2023年）。
第18回松下幸之助花の万博記念奨励賞受賞。人間・植物関係学会理事（2009
年〜）。人間・植物関係学会会長（2013年〜2019年）。日本園芸療法学会理事（2010
年〜）。
主な単書として、『検索入門　観葉植物①②』（保育社）、『観葉植物1000』（八
坂書房）、『洋ラン図鑑』（光村推古書院）、『洋ラン』（山と渓谷社）、『ビジュアル
園芸・植物用語事典』（家の光協会）、『熱帯の有用果実』（トンボ出版）、『増補
改訂版ビジュアル園芸・植物用語事典』（家の光協会）、『ミラクル植物記』（トン
ボ出版）、『日本で見られる熱帯の花』（文一総合出版）、『人もペットも気をつけ
たい園芸有毒植物図鑑』（淡交社）、『最新園芸・植物用語集』（淡交社）、『ボタ
ニカルアートで楽しむ花の博物図鑑』（淡交社）など多数。
主な共著として、『原色茶花大辞典』（淡交社）、『原色園芸植物大事典』（小学館）、
『植物の世界』（朝日新聞社）、『植物の百科事典』（朝倉書店）、『新版 茶花大事典』
（淡交社）、『花の園芸事典』（朝倉書店）、『文部科学省検定済教科書 生物活用』
（実教出版）、『花卉園芸学の基礎』（農山漁村文化協会）、『カラーリーフプランツ』
（誠文堂新光社）、『仕立てて楽しむつる植物』（誠文堂新光社）など多数。

増補改訂版　人もペットも気をつけたい
園芸有毒植物図鑑

2022年12月18日　　初版発行
2024年4月11日　　 2版発行

著　者───土橋 豊
発行者───伊住公一朗
発行所───株式会社 淡交社
　　　　　　本社　〒603-8588　京都市北区堀川通鞍馬口上ル
　　　　　　　　　営業 (075)432-5156　　編集 (075)432-5161
　　　　　　支社　〒162-0061　東京都新宿区市谷柳町39-1
　　　　　　　　　営業 (03)5269-7941　　編集 (03)5269-1691
　　　　　　　　　www.tankosha.co.jp
デザイン──株式会社ひでみ企画
　　　　　　小寺敦子／池森真生／武知由佳子／奈良木桃香／中島花穂
印刷・製本──図書印刷株式会社
©2022 土橋 豊 Printed in Japan
ISBN978-4-473-04519-5